JN438507

仁穆大妃

仁穆大妃

안평옥 여덟 번째 시집 중

| 네 번째 長篇敍事詩 |

신아출판사

| 책머리에 |

오천 년의 유구한 역사를 지닌 단일민족이라고 거침없이 이야기하는 우리의 역사 중 他山之石으로 삼아야할 어느 한 時期나 事件을 貫流하는 내용이 글로 엮여져 있는 것이 없음을 항시 부끄럽게 여기고 「화냥년」「제국의 최후」「불벼락 치다」에 이어 네 번째로 권력다툼의 와중에 선 한 여인의 애환을 그린 「仁穆大妃」를 펴내면서 돌아다보니 1592년의 임진란 때부터 1636년의 병자호란과 9년 뒤인 乙酉年(1645년) 사월 스무엿샛날 소현세자 죽음까지 다루면서 오늘의 현실과 비슷한 동인 서인으로 갈라지고 다시 노론 소론 대북 소북 등 많은 분파가 생겨 백성 위한 정치보다는 정권 차지하기 위한 붕당정치만 있었으니 병자호란의 해에 미국 하버드대학이 설립되었고 중국에서 외국의 문물 익힌 소현세자가 아버지 인조에게 독살당한 그때가 일본의 명치유신보다 200년 앞선 해까지 53년의 역사를 다루었다, 두 번째 제국의 최후에서는 癸亥年(1863년) 선달 열사흗날 고종이 등극하고 대원군의 섭정과 실각(1875. 11. 5) 임오군란(1882년) 갑신정변(1884년) 청일전쟁(1894. 6. 23) 동학농민군 봉기에 이르기까지 조선 오백년 역사 중 85년을 두 권으로 나누어 엮었고 세 번째 「불벼락 치다」에서는 1945년 8월 6일 일본의 히로시마에 투하된 원폭과 이로 인한 우리민

족의 수난에 대하여 엮어보았으나 선조들의 지난날에 누워 침 뱉는 격의 흥미위주로 한, 언어의 유희와 희화화를 피하고 사실위주로 하다 보니 교과서 적이라 재미없어 부분적으로 허구도 첨가했음을 시인하며 더러는 비판했으나 이것이 나의 전부임을 어이하랴 모두의 이해 바라며 끝맺는 변으로 한다.

저자 씀

| 차 례 |

|제1부|

한恨 많은 여인

조선朝鮮의역사歷史에서 왕비王妃의 수난사가 어디 한두 사람이던가, 왕王은 무치無恥라면서 많은 여인女人을 울리고, 날을 잘 벼린 절대 권력의 칼을 휘두르면서 시대에 역행하거나 순리에 어긋나는 일을 얼마나 많이 자행恣行하였는가를 우리는 잘 알고 있지만 글로 표현表現된 것이 빈약貧弱함을 아쉽게 생각하면서 선조의 계비 인목대비仁穆大妃의 한恨많은 삶 중 적자嫡子인 영창대군永昌大君의 죽음을 조명照明해 보았다.

스러지는 아기별

1

괴로움 뒤에는 기쁨이 찾아오고
즐거움이 다하면
슬픔 온다는

고진감래苦盡甘來에
흥진비래興盡悲來라는 것이
오는 곳 모르고
가는 데도 알 수 없으나

끝없이 돌고 돎으로 하여
한곳에 오래도록 머물지 않아
무상無常이라 했던가
부질없는 인간의 생각 나무람하듯
형체 없고 손에도 잡히지 않는

육십갑자六十甲子 위 단위單位로 천간天干인
갑을병정무기경신임계
甲乙丙丁戊己庚辛壬癸 와
아래 단위의 지지地支인
자축인묘진사오미신유술해
子丑寅卯辰巳午未申酉戌亥 를
예순 가지로 조합 배열하여
헤아릴 수 없이 돌고 돌아
다시 인간人間 앞에 나타난

甲寅年(1614년)의
이월 스무하룻날이다

오라는 이 없어도 때 되면 다가오고

떠날 시간이다 싶으면
잠간사이에 말없이 스러지는 절기節氣

입춘立春에 우수雨水지나
빈 나뭇가지 끝 경칩驚蟄이
먹구름으로 번지며

아닌 때에

고드름이 열리려는지
놀라 자지러지는 외마디 비명悲鳴이듯

찬바람 내지르는 소리가
문풍지 울리는
대궐大闕 깊숙이 자리한

대비전大妃殿의 두 쪽 미닫이가
덜커덩거리는가 했는데
대비 앞에 서서 두 손 맞잡은

김 상궁尙宮의 표정表情
여느 때와는 확연히 다른 모습이다

망설임 없는 평소平素의 당찬 심성心性
어디에 두었는지
제 몸 가누기도 어렵다는 듯
비틀거리는가 하면
주저주저하다가
무슨 말인가
할듯할듯 망설이나 싶더니

말 더듬는 반벙어리 마냥

아 - - -
아 - - -

아 - - -
뜸 들이는 품이
여느 날과는 확연確然히 다른 말씨다

아기씨께서 - - -

미처 잇지 못하고 주저주저하는 말씨에
울컥
답답증 일었나 보다,

그래 아기씨가 어쨌다는 거야

다그치는 짜증 섞인 소리에
흠칫
놀라는 듯하더니

그만 - - -

아랫녘 거친 바람에 갈대 휘어지듯
허리가 꺾어지며 방바닥에 닿은

넓은 이마에
송골송골 땀방울 맺혀있고

눈에는 눈물이 흠뻑 고여 있다

그만이라니 - - -

아무래도 알 수 없다는 표정表情에
머릿속 휘감아 도는
불길한 예감豫感으로
경망輕妄스레
네댓 발이나 이는 조급증이다

어젯밤에 그만 - - -

어찌 더 이상 여쭈겠냐는 듯
쓰러졌다 일어나며
무릎 꿇고
두 손 마주 잡는다

음 무어라 - - -

이런저런 어지러운 사연事緣들로 하여

간밤 내내 뒤숭숭한 꿈자리였다
당해서는 아니 될 일
기어이 당한 듯싶다
정신 기운 흐려지고 멍해지면서

어젯밤 아랫목 벽壁에 등 기대어
이 생각生覺
저 상념想念으로
잠 못 이루는데
비몽사몽非夢似夢이라더니
꿈같고 생시生時인 것 같은
꿈속 환각상태幻覺狀態였었나 보다

추위 쫓는 화톳불에 덴 아이같이
온 얼굴 전체가 빨갛게 익고
반나마 까맣게 탄 바지저고리 차림으로
어느 누군가에 쫓기듯 황급히 달려오더니

재빨리 장지문 여닫고 뛰어들면서
가쁜 숨
내몰아 쉬는 모습

아무래도 이상하다 싶은

아들
영창대군永昌大君이
겁먹은 듯 힐끗힐끗
돌아다보며 다급한 소리로

어마마마, 어마마마
목은 마르고
숨이 막혀옵니다
치솟는 가슴 속 불길이
제 몸 활활 태우고 있습니다

이제는 더 이상
뜨거움 참지 못하겠으니

제발이지, 정말 제발이지
소자小子 좀 살려 주세요
어마마마, 어마마마, 어마마마

절규絕叫하듯 외치는 어린 것 소리에
어미는 놀란 눈 치뜨고
벌렁거리는 앞가슴 쓸어내림이

오늘 일이듯 떠오르는 사이에

천둥번개 소리 울리고
심장心臟 파고드는
칼끝의 아픔
이제서야 느끼게 되는데

그만 저세상으로 가셨다는 - - -

차마 못 할 이야기 간신히 내어 뱉고는
없는 쥐구멍 찾아

오래도록 숨고 싶은 모양으로
안절부절
어찌할 줄 모른다.

놀람이나 아픈 마음이 더했으면, 더했지
덜 할 리 없는
대비大妃
하늘이 무너져 내리는 충격에
앞이 캄캄해지면서

대군이 죽었단 말이냐 - - -

널빤지 위에서 튀겨져 오르듯

펄쩍 뛰어 일어서려다가
제 자리에
털썩 주저앉아
어느 사이에 매무새 단정端正히 하면서
보료 위에 좌정坐定하고는

어미가
어찌
이런 상서祥瑞롭지 못한 생각生覺 - - -

말이 씨 된다, 하지 않느냐, 후회後悔하면서
쏟아진 물 주워 담고 싶어도
그럴 수 없음 알았는지
어찌할 줄 모르고

네 방구석
이리저리 내 정신精神 아니게 헤매며
온몸으로 몸부림치다가
하얗게 변색 된 핏기 없는 얼굴에

간신이 내뱉는
울음 섞인 신음呻吟 소리며
사시나무 흔들리듯 떨리는

손가락 마디마디 사이로

어른거리는 눈앞에서는

마마 마마를 외치며
주저앉아 통곡痛哭하는 보모상궁保母尙宮
멀건이 바라보면서
기가 막혀 말조차 잊어버린
대비 김씨

흐느적흐느적 거린다 싶던 사지四肢
맥脈없이 늘어뜨리고
축 처지며
멍하니 천정天井 올려다보더니
이내 으드득 가는 이

네, 이 노 옴 - - -

아무것 보이지 않는
빈 허공虛空 노려보며 무언가

여인女人의 직감直感으로 알아차린 소리에
하늘마저

멀리서 천둥소리 울리고

한 곳에 붙박여서 초점焦點 잃어가던
눈동자가 희번덕인다
싫은 순간
들보 떠받들던 기둥이 주저앉듯
스르르 무너져 내린다

차곡차곡 쌓아둔 가슴속
못다 한 말이듯
쏟는 거품에
활화산의 불구덩이
용암鎔巖 줄기 마냥 끝없이 흐르느라

양 볼 뜨겁게 적시다 못해
핏물이 된 눈물

크지 않은 얼굴에 번져나가고 있었다
태어난 이후 이런 일 겪어보지 못해
넋 잃고 구경하느라

멍청하니 바라보고 있던 옆자리
열두 살 정명공주貞明公主가

어미 품에 넘어지듯 쓰러져 외치는

어마마마, 어마마마
엄마
엄마 소리만

따스한 기운氣運 잃고
찬 냉기冷氣 감도는 널따란 방에
차고 넘쳐
대청에 이르러서는
앞뒤 휘돌아
처마 박차고 뛰어오르면서

높다란 하늘에 닿는 원성怨聲 되었는지
영창문 밖 바람소리가
적막寂寞 찢고

좁은 공간空間 휘도나 했으나
뇌성벽력雷聲霹靂 되어
천지 사방 울리는 순간瞬間
무엇 하고 있느냐
지금이
어느 때인데

너희들
정신 나갔단 말이냐

대비와 공주 모습에 잠시 멍해져 있던
김 상궁이
불길에 덴 생쥐처럼
놀라 내지르는

다급한 외침이 온방 울린다
어서어서 문 닫아라
자리 펴라
찬물 가져 오너라
팔다리 주물러드려라

편히 모셔라
베개 낮추어라
어의御醫 속히 들라 하여라. 는 외침이

쇠 녹여 둥글게 만든 통속에
화약과 철편 넣은
임진란 때의 비격진천뢰飛擊震天雷
폭음爆音소리 같이 천지 울리니
좁은 방이 심하게 흔들리고 있었다.

2

일찍이 공자孔子께서
날은 춥고
흰 눈 쌓여야
소나무와 잣나무의 푸르름
알게 된다고 했듯이

세상 살아가는 인간에게도
나이 먹음에 따라
꿈꾸는 어린 시절에
삶을 알듯알듯 고달파 하다가
희망希望 잃는 청년靑年에 이어

사회적 활동반경이 가장 넓은
사십 안팎과
많은 생각의 중년기中年期 지나고
다 잊어야 심신心身이 편안便安하다는 노후老後
누구나 알고 있듯이

'송죽松竹 푸른빛이 사립문에 비치니
지난날을 홀로 배회徘徊한다네
덧없는 인생人生
누구 뜻 따르랴

꽃다운 마음으로 세한歲寒에 이르리.' 라고

선조 임금 시절에 대사간 역임한
고봉高峯
기대승은
온갖 시련 속
한 생을 이렇게 읊었으니

세상 살아가는 이치理致라는 게
끼리끼리 모이는 것이라서
오늘만 알고
내일 모르는 무리인
하루살이들이
타오르는 불속으로 겁 없이
뛰어들 듯

권력權力에 취하여 피우는 거드름
제 발에 걸려 넘어져
서로가 서로에게
먹고 먹히며
소리 없이 다투는 꼴이라니

조물주造物主가

왜
두 개의 눈 인간에게 주었는지
이제야 알 것 같은
癸丑年(1613년)
가을
영의정 이덕형이 소疏 올려

전하殿下의 친형 임해군과
당시의 영의정인
유영경 처단한 것은
국기문란國基紊亂의 모반謀反 때문이라 하나

영창대군은
관례冠禮 치르지 못한
포대기 안의 아기이므로

설사 모의謀議에 참여했다 하여도
미성년未成年이라서
법法으로 다스릴 수 없고

법이라는 것은
삼가하여 살피는 것이니
전하께서

골육骨肉의 정으로 용서하신다면

만세후萬世後에라도
그 덕德이
더욱 빛나리라, 하였으나
남 헐뜯는 데에 앞장서서
출세出世하여 보려는

사회社會의 암적癌的 존재 부나비 무리들은
이덕형에게
형刑 주어야 한다고 주장하였다

불감청이언정 고소원이라더니
엷은 웃음의
임금 광해는 못 이기는 척

같은 해(1613년)
구월
열아흐렛날

이덕형의 관직삭탈官職削奪하니
밤하늘 태백성太白星이 눈물로 반짝일 때
용진 별장으로 물러나

나랏일 걱정에
천정 올려다보며
울며, 울며 날 보내느라

손님맞이와 식음食飮 전폐全廢하다가
시월
초아흐렛날
조용히 숨 거두니

사람들이 삼삼오오 모여 앉아
그가
가시는 날
선인仙人이 모셔 갔다고도 하고
어느 사람이 강가에서 기다리다가

강서 쪽 국화菊花의 절후節候가 늦으니
모든 낙엽落葉이 소소疎疎하고
바람은 차구나

두견새가 가기를 재촉하니
유인幽人의 집
그리워함을 아는 듯하네.

하는 시詩 읊고 갔다고도 했다
싸우는 족족 패하는 관군官軍이었지만

한 번 붙었다하면 이기고야 마는
홍의장군紅衣將軍으로 더 유명한
임진란 때의 경상도 의병장義兵將
곽재우도 소疏 올려

어린 대군大君에게 무슨 죄가 있어,
베고자 하는지 신은 알지 못하나,
전하보필殿下輔弼하여야 할
일부 중신重臣들이 죽이려 한다하니
이는 옳지 못한 일로

대전大殿 또한
스스로 자진自盡할 것이 분명한데
후세에 어떻게 말 하리요, 해도
귀 기울이는 이 없어

같은 해의
섣달
열하룻날이다

강화부사 기협이
영창대군 감시하는
금부도사를 핍박하여
마음대로 못하게 하면서

대군 보호한 사실이 있다고
고자질한 사람이 있다 하므로
잡아다가 엄히 국문하라 이르고는

같은 달
열사흗날
정항을 후임자後任者로 부임赴任케 하니
이 자가 바로 이이첨 심복心腹으로
욕망慾望보다 더 무서운 것 없고

인내이상忍耐以上 더 좋은 것 없음에도
눈앞에 어른거리는
권력權力과 부귀공명富貴功名 허상虛像에
짐승만도 못한 짓 저지르니

가시 울타리 집 여섯 자尺 작은방
출입문出入門에 못질하여
가두어 놓고

밤낮없이 장작불 지피니

까맣게 탄 손발톱에
온몸으로 불길이 번지면서
까만 숯덩이로 변하여

몸에 물기 한 점 지니지 못하고
저승길 떠나니
하늘땅이 하나로 슬퍼하는
영창대군 영혼靈魂은

갈 길 몰라 허공虛空 맴돌다가
갈거나 허허의
남도 장송곡 여운이
피눈물의 호곡성號哭聲으로 번진

甲寅年(1614년)
이월
스무날과 스무하룻날은 가고

찬기 가시지 않은 바람 끝
양지쪽의 보랏빛으로
물들인 풀꽃이며

담장 아래에 노랗게 핀
이름 모를 꽃들이

살아가야 할 삶의 험난險難함을
아는지 모르는지
앞다투어 싱그럽게 피어나고

철모르는 아홉 살 어린 나이
방실방실한 모습이
티 없는 웃음으로 떠오르며

지난해와 지지난해에도 그러했듯이
또다시
앞산 기슭 여기저기
진달래 꽃망울이
봉곳봉곳
소녀
앞가슴으로 맺힐 때다

모두 비켜라
오늘 저녁밥 짓는 일
어미인 내가 하련다. 하면서
찬모饌母며

상궁尙宮
늙고 젊음의 구분區分 없이

하나도 남기지 않고 내보내고는
한 많은 어미의 정情 가득 담은
쌀밥 한 그릇에
없는 고기야 어쩔 수 없다 하여도

푸성귀의 나물 반찬 챙겨
길 안내하느라고 출출할
저승사자의 배
부르도록 든든히 채워드리고

다시 못 올 아라리길 떠나는
하나뿐인 우리 아들
영창대군
허기져
아무데나 주저앉아 울지 말라고

눈물 젖은 이승의 마지막 밥상
죄 많고 박복薄福한

어미인 내가 하련다고

흘러내리는 눈물로 다듬어 씻고

또
씻어
티끌 없이 정갈하게 매만져
하나둘 채워 넣는

음식 그릇 뿌옇게 가로막는
촉촉한 물기
옷고름으로 닦고 닦을 때마다
벌겋게 묻어나는 피눈물
소맷동까지 적시며

살아생전에 다하지 못한 어미의
애틋한 정
볶고 지지고 삶고 데쳐
고소한 참기름에 버무렸다가

그릇 그릇 담는 뒤쪽에서
쏟아지는 눈물 가리기 어렵고
통곡痛哭마저 하지 못해
숨어서 소리 없이 훌쩍이는
상궁이며

애티 가시지 않은 애기궁녀 모두

옆과 앞뒤에서
노려보는 눈초리가
혹여나
있을 것 같아 멈칫거리는데

먹거리 없는 대비전에
흐느낌과 통곡
외롭게 피어오르는
가느다란 한 줄기 향불 아래
평민平民의 여염집보다도 더 못하게
간소하나마 깔끔하게 차려진

죽은 자의 제단祭壇 앞이다
동기간同氣間 여읜 슬픔으로 우느라
눈이 부은 영창대군永昌大君의 누나
정명공주貞明公主와

날이 갈수록 쌓여가는 한恨
어찌할까
두 눈 꼭 감고 뜰 줄 모르는
대비大妃 김씨金氏

실 날 같은 꿈 끌어모아
붙이고 잇고
잘게 잘라 단단히 비벼서 꼰

조선종이 심지
기름 담은 종지에 넣어
살아갈 희망希望마저 잃어버린
그 희망에 희망 꽂아

작은 불씨 하나 조심스레 당긴다,
기구한 목숨일망정
삶을 이어가며 끝장 보리라는

가슴에 응어리진 여인女人의 한恨
하늘마저 알았는지
동녘 허공虛空에
여린 별똥별 하나가
밝고
맑은 빛
흩뿌리다가 스러지고 있었다.

패대니 역적逆賊이 나오고

1

사람이 사람답게 올바로 사는 것은
사람답지 못한 언행言行
스스로 느끼고 부끄러워할 줄 알면서
이런 일이 다시는 일어나지 않도록

자신自身의 몸가짐
조심히 하고
모름지기 갈고 닦는 것이니
학문學問이란 사람다워짐을 배우는 것으로

제일로 중요重要하게 여겨야 할 것은
앎을 실행實行으로 옮기는 것이니

얕은 지식知識으로 말은 잘하고
행동行動으로 나서지 않는다면

옛사람들은 이를 일러
탈 쓴 광대라 했다

무상無常 아닌 성실誠實함을 항상恒常 지니고
내가 나 속이거나
남이 보거나 듣지 않는다 해서 행하는
도리에 어긋나는 언어행동言語行動
없어야 할 것이며

몸과 마음 깨끗하게 하려
더 많이 노력하고 애쓴다면
그게 바로 부끄러움
아는 것이라는 글이 떠오르는

戊申年(1608년)
이월
초이튿날

삼엄한 기치창검旗幟槍劍이 햇살 되쏘아 올려
시린 빛에 눈 가리고
펄럭이는 봉황鳳凰이며
꿈틀꿈틀
용틀임하는 용기龍旗

주작朱雀과 현무玄武의 깃발 나부끼어
대장기大將旗와 전령기傳令旗가
위세威勢 뽐내는 처마 아래 높다란 곳

하루도 비워서는 아니 되는 자리이기에
선조宣祖의 뒤이어 용상龍床에 앉은
세자世子 광해군光海君은
노란색 곤룡포袞龍袍 단정히 입고

금빛 찬란한 면류관冕旒冠 쓰고 앉아
만조백관滿朝百官으로부터
천세千歲의
하례賀禮소리 들으니
바로 조선朝鮮의 15대 임금이다

24절기節氣의 시작인 입춘立春 지나고
대동강大同江 강물이 풀린다는 우수雨水에
찬기 가신 바람이지만
구중궁궐九重宮闕이 임진란壬辰亂 때 불에 타
나랏일 보살필 곳 없어

임시로 빌려 쓰고 있는
행궁行宮은

월산대군月山大君 사저인 서청西廳이다

따사로운 햇볕 아래
새 임금의 즉위卽位를 축하祝賀하는 여운이

스물넷 절기節氣의 색色이 퇴색退色 되어져 가듯
당시當時의 감회感悔와 여흥餘興이 사라져가는
사 년 뒤인

壬子年(1612년)
이월
열엿샛날 밤

황해도의 봉산군수 신율이
조정에 급변急變 알린다며
방울 세 개를 쉼 없이 울리는
말발굽 소리가 텅 빈 허공虛空
박차면서 내달려가고

곧이어 황해병사 유공량이
김직재의 아들
백함이 괴수 되어
끌어모은 패거리들로 함경도 외

일곱 개 도에
대장大將과 별장別將 각기 임명任命했다고
갈겨 쓴 장계狀啓 한 통에

무장한 호위 병력이 궁궐宮闕 에워싸고
의금부도사義禁府都事며
선전관宣傳官이 범인犯人 묶어가니

사태事態의 심각성 느낀 조정朝庭에서는
임금 친국親鞫이 시작되면서
전각殿閣의 처마
쩌렁쩌렁 울리는 호통號筒소리에
한양漢陽의 안팎이 흔들리며

내려치는 곤장에 찢기는 볼기
압슬壓膝로 깨어지는 무릎뼈와
주릿대로 양다리 비틀어
찢기는 무릎 근육筋肉에

달궈진 쇠꼬챙이가 벌겋게 파고들어
타는 살 냄새
심문장訊問場에 가득한 사이로

네, 이놈
네 죄 네가 알렸다
한 마디에
고통 이기지 못한 허위자백虛僞自白으로
부엉이는 멀리서 통곡痛哭하고

전후사정前後事情 전혀 모르는
진릉군 이태경이
왕손王孫이라는 이유로 죽임당하였다

예, 예 하고도 목숨 잃은 사람
신문 도중에 절명絕命한 사람
곤장 아래 죽은 사람
가시울타리 집에 위리안치圍籬安置 된 사람

외딴곳 멀리 귀양 보내어진 사람에
벼슬 빼앗기고 내쫓긴 사람
더하거나 덜함 없이
글자 그대로 수십 명 넘었으니

그중 하나인 시인詩人 권필은
임금의 인척姻戚 유씨柳氏와
주위 사람들의 심한 횡포橫暴 보다못해

'궁궐의 버드나무는 푸름이 짙고
꾀꼬리소리 요란코나
성안에 가득한
갓 양산이
봄볕에 상긋거리며

조정에서 태평성대太平聖代 즐기니
뉘 있어 위태롭다 하리' 한 詩로
임금의 미움 받아

귀양 가는 길에 들른
동대문 밖 주막집 벽에 쓰인

그대에게 한 잔 술 나누기 권하오
술이 유령劉伶의 무덤 위
흙에 아직 이르지 않았으니
3월 다가고 4월이 다가오는데
복사꽃 어지러이 떨어져
붉은 비와 같네, 라는 시詩 보면서

옳거니, 무심코 지은 시가
뒷날 정확히 예언한다더니
내가 오늘밤

비로소 죽게 될 것이다. 하고
밤새워 마신 술에
아침이 되어도 끝내 깨어나지 못했다
소북小北 백여 명이 숙청肅清 되면서

겉으로는 평온平溫했던 조정이 얼어붙고
광해군 옹립擁立의 숱한 어려움 뚫어
큰 공 세운

이산해 이이첨 정인홍 허균 등
대북大北파 수괴들이
식사 때마다 목에 가시 같아 불안不安한

인목대비며
선조의 적자嫡子 영창대군
향한 칼날이
밤낮없이 숫돌에 벼리고 있었다.

2

한 번 분 피바람은
또 다른 피
반드시 부르는 것이라서
수십 명 원혼冤魂이 허공 떠돌게 한

김직재의 옥사가 있었던
다음 해인
癸丑年(1613년) 삼월
강변칠우江邊七友
또는
죽림칠현竹林七賢이라 자칭하는

전 영의정 박순 서자 박응서
전 목사 서익 서자 서양갑
심전의 서자 심우영
전 북병사 이제신의 서자 이경준
평난공신 박충간 서자 박치의
박유량의 서자 박치인
서자 허홍인은

저희들의 재능才能 펼쳐 보이고 싶어
적자適子와 서자庶子
신분차별身分差別 없이하고

서얼에게 벼슬길 열어달라는 상소上疏
임금이 받아들이지 않음으로

경기도 여주군 휘감아 도는

남한강南漢江가에
윤리강상倫理綱常이 필요 없는 집이라는
무륜당無倫堂 짓고

소금장수와 나무꾼으로
전국 횡행橫行하며 화적질火賊質 일삼는
무뢰한無賴漢으로 살아가던 어느 날이다

문경 새재 넘는 은 장수 죽이고
은銀 600량 탈취奪取했으나
죽임 당한 자의
살아남은 노복奴僕이 관官에 고변告變하여
모두 잡혔다는 소식 듣고
영창대군 제거기회除去機會 노리던

대북파大北派의 이이첨은 무릎 치며
하늘이 돕는 징조라며
"잘 됐다"고
득의得意의 미소에 쾌재快哉 부르고는

심복心腹 김개 김창후 등을 보내어
포도대장捕盜大將 한희길과
정항이 모의케 한 다음 날

이이첨의 친척이라는 이의승이
포도청捕盜廳 포졸捕卒 안내로
무리 중 하나인 박응서 찾아온
조용하고 비밀스런 장소다

탁자를 사이에 두고 마주 앉아
서로가 서로 노려보는 눈
무섭다싶게 빛나며
앞사람 가슴속 헤아리려 들면서

주위의 정적靜寂에 얼어붙는 것 같은
시간이 얼마쯤이나 흘렀을까

검게 드리운 어둠 찢으려는 듯
두서너 번 밭은기침으로
먼저 입 연 방문자다

'네가 전 영의정領議政 박순, 서자庶子인가.'

이십 대 사내 눈이
순간적瞬間的으로 반짝하면서
상대방相對方 말없이 노려보는
예사롭지 않은

얼마의 시간이 흐르고

'내 말이 아니들리느냐.' 는 다그침에

이십 대 중반 앞쪽 사내는

표정表情이나 자세姿勢에 흔들림 없이
음성音聲에 힘 실어

'도대체 어느 댁 어른이신가요.'

얼굴 가득 불쾌한 감정感情 숨기지 않고
가다듬은 목소리로
같잖다는 듯 퉁명스레 되묻는다.

'아 내가 실례失禮 했군.'

앞 사내는 그제야
굳어졌던 제 얼굴의 근육筋肉 풀고
이놈 좀 봐

듣던 바와 같이 보통 아니다 하는
표정表情으로 싸늘한 웃음 띠우며

나는 시임時任 이 대감과 친척親戚일세

이번 죽림칠현竹林七賢 사건에 관해서
다른 누구보다도 자네와 더불어
내 긴히
할 이야기가 있어 찾아 왔네

순간 젊은이의 얼굴 근육筋肉이 굳어지고
이글거리는 눈길에 번지는
의심疑心의 그림자 읽은 사내다

아, 그런 눈으로 보지 말게나,
자네 해롭게 하려는 뜻
가지고 있지 않으니
그리 알고 이번 일에 대하여 만큼은
자네와 내가 협의協議하세

이 일은 자네와 나 단둘의 일이니
누구에게도 말하지 말게나
결코 나쁜 뜻 아니네

자네가 행한 지금까지의 죄罪는
삼족三族의 죽음 면치 못하리니

못 이기는 척 반역고발反逆告發하게나
청사靑史에 길이 빛날
정훈록正勳錄에 기록記錄된다는 말

말 같지 않다고 콧방귀로 튕겼으나
사나흘이 지나면서
여남은 번이 넘는 꼬드김으로

가족들 얼굴 떠오르고
서얼 출신이라는 큰 굴레
벗어던져 버리고 싶은 욕망慾望이
불끈불끈 치솟아 오르는
이런저런 생각 어찌하지 못하고

불러주는 대로 종이 위에 붓 날린
이틀이 지나서다.

오가는 포도청捕盜廳 주위 길목이 통제統制되고
수많은 군졸軍卒이며 포졸捕卒들
삼엄森嚴한 경계警戒에 이어

왠지 모르게 무서움이 깃드는
크고 높은 대문大門의 기와집 앞

넓은 뜰 정면正面에

살아서 꿈틀거리는 것 같은
용무늬 새겨진
용상龍床 중심으로
사방팔방의 기치창검旗幟槍劍이며

잘 차려놓은
형틀과 주릿대에
피 묻은 곤장棍杖이 갖춰지면서

오랫동안 피 맛에 굶주린 쇠꼬챙이가
숯불 화로에 꽂혀져

벌겋게 달궈진 위세威勢 뽐내는데
높이 떠오른 중천中天의 해가
좀 비켜 앉았다 싶은
사월의 봄 햇살이
다순 기운 풀어놓을 때다

주상전하主上殿下 납시오, 소리에

좌우左右 조정의 중신重臣들이며

뜰아래 사람 모두가
허리 굽혀
임금에 대한 예禮를 마치면서
시작始作된 친국親鞫이다

용상의 임금은 좌우 문무중신文武重臣이며
앞과 뒤 찬찬히 살피고는
뜰아래
목에 큰 칼 걸고 앉아있는 사내

한참 동안 지그시 내려다보다가

네,
이놈
네가 박응서냐

목소리는 그다지 높지 않아도
상대방相對方 표정表情
요모조모로 날카롭게 살피고 있다

그러하옵니다
전하

오가는 짐승 발길에 밟히고 찢기는
잡초雜草만도 못한
소인
자는 화숙和叔 호는 사암思菴
전 영의정 박순의 서자 응서입니다.
야무지게 당찬 말소리에
표정 하나 변함없이
망설이거나 주저치 아니하고
당돌하게 답하는
사내 모습 내려다보던

임금
내심內心 놀란 표정表情 짓나 했으나
이내 얼굴 근육이 굳어지면서

그놈 참 맹랑할 지고
여기가 어디인 줄 알고 언감생심

과인寡人을 서얼이라 업신여기려
중인환시衆人環視리에
고의적故意的으로
서자庶子에 힘주어 말하다니
내 이놈 당장 물고 낼까 하다가

눈앞에서 비아냥거리는 듯한

대비大妃 김씨金氏에 영창대군 모습 보이고
적자 아닌 서자의 서러움 때문에
약밥 먹여 아비 죽게 하고
한 뱃속에서 태어난
형 임해군 사사하면서

명나라 사신에게 산삼이며 은덩이
뭉텅뭉텅 쥐어주는 등
그간 겪은 서러움이 떠오르며

사리事理와 분별分別 따져서 바른말 아뢰는
조정 대소신료大小臣僚
얼마나 많이 죽였으며
평안도와 함경도의 산골로 귀양 보내고
외딴 섬으로 내쫓았단 말인가.

가까스로 용상龍床에 앉았지만
나날의 생활에 마음 편치 않은

지금 이시각時刻에도
영창대군이라는 적자嫡子의 벽에 막혀

불안하게 살아가야 하는

공빈恭嬪 김 씨 출생
광해군
벌떡 일어나 달려 내려가고픈 마음
어렵사리 억제抑制하고 지그시 눈 감아
깊은숨 들내 쉬기 여러 번에

그래 알겠다,
내 이일 기화로
영창대군이고 나발이고
대비보다 더한 그 무엇이 되었건

모두 쓸어버리리라 단단히 다짐하면서
감았던 눈 번쩍 뜨며
순간적으로 스쳐 지나는 살기殺氣

누구도 느끼지 못하는 사이로
여울져 번져가는
구성진 꾀꼬리 소리에
만면滿面에 웃음 짓는 얼굴 되더니

그래, 꽤 당돌하구나,

긴 이야기 필요 없겠구나. 하고는
잠시 뜸 들인 뒤에
너희들이 말하는 소위 강변칠우江邊七友며
죽림칠현竹林七賢이라는 놈들
역적모의는
어느 때
어떻게 했는지 소상히 말해 보아라

만약에 진실 고하지 아니하고
거짓으로 말할 때에는

목숨 부지扶持하지 못할 것이며
사실대로 이야기한다면 살려주리라

성은聖恩이 망극罔極합니다
전하殿下
일이 이리된 마당에 사실 숨김은
주상主上 기만欺瞞하는 대역부도로
죽어 마땅하니

하나라도 가슴에 접어둠 없이
소상이 아뢰겠습니다만
그에 앞서서 한마디 올릴 말씀은

지난번 소疎 올린 바와 같이
저희 서얼에게도
등과登科의 기회 주십시오,
만약 그리된다면
전하殿下를 위하여 몸과 마음 다 바칠

많은 인재人才가 도우려 할 것이오니
다시 한 번 살펴주옵소서

말을 다 마치기 전이다
좌우左右로 배석陪席한 문무文武 중신들이
저, 저
저런 죽일 놈
어느 안전眼前이라고 감히, 하는 소리
거침없이 터져 나오고
달려와 뺨 후려칠 기세氣勢다

뜻밖의 이야기에 잠시 멍해져
깊은 생각에 잠겨있던
임금은

그 문제에 대하여는
이미 비답批答을

명쾌하게 내려보냈지 않았느냐

더 이상以上 거론擧論하지 말고
이번 일에 대해서만 말하여라

잘 알겠습니다
전하

더 말해야 한강에 돌 던지는 것 같이
그렇고 그렇다 싶었는지
시큰둥
담담
어물쩍하게 대답하고는

그럼 저희 일 아뢰겠습니다
먼저
내금위장과 수문장
저희 편으로 만들고
정협을 훈련대장으로 하여
장사壯士 30여 명 인솔引率하고 있다가

모두가 잠든 밤에 범궐犯闕케 하여
자정子正 넘어 임금 범犯하고

세자마저 범한 후에
수거收去한 국새國璽 대비케 올려
수렴청정垂簾聽政하도록 하며
성문城門은 굳게 닫아
일체一切의 출입出入을 금하는
대대적大大的인 변난辯難 일으킨 연후然後

서양갑으로 영의정 삼고
영창대군 의를
새 임금으로 받들기로 했습니다,

송구한 말씀이오나
참 용이 일어나기 전에
여우가 동산에서 먼저 울었다는
격문檄文 만들기로 했는데

참 용은
적자嫡子 영창대군이요
여우는 주상 가리키었다. 는 소리에
임금 광해
눈 가장자리가 파르르 떨리며
얼굴 근육이 씰룩거리는가 했으나
이내 평정심平定心 되찾은 받은기침에

박응서 응시凝視하며

네 말에 틀림이 없으렷다, 는
임금의 재차 확인確認에도
그렇습니다,
제가 어찌 주상主上을 기만欺滿하겠습니까
사실을 이야기했습니다

이러한 진술의 증거확보證據確保하기 위하여
사월

스무닷샛날
마무리 위한 임금의 친국親鞫에서
심우영 박치의 박치인은
극구부인極口否認 하였고

스무여드렛날 국문에서도
서양갑 김경손에
압슬형신문壓膝刑訊問의 심우영 마저

내 비록 서얼이나
명색이 사내대장부인데
어찌 없는 일 있다 하느냐고

유효선 박치순과 같이 부인했으나

허홍인의 처 선이善伊는
회유懷柔와 협박脅迫 이기지 못하고
남편이 서양갑 심우영과 더불어
내년 이른 봄

범궐약속犯闕約束 했다고 거짓 진술하였다
오월
초하룻날 국문에서도
어르고 달래고 구슬리어 보았지만

그런 일 없으니 다시는 묻지 말라며
곤장棍杖에 압슬壓膝
벌건 쇠꼬챙이로
살갗 지지고 태워도
다문 입 열려 하지 않았다
초나흗날
강변 칠우 역모사건 국청鞫廳이 끝나고
사형장死刑場으로 떠나려는

심우영 부른
서양갑은 스스로 죄罪 고백告白하여

편한 마음으로 저세상 가겠다며

광해가 내 어머니 죽이려 했으니
도리가 아닌 줄 알고 있으나
나도
제 어미
아니 죽일 수 없지 않느냐고
주저하거나 망설임 없이

대비와
그의 아버지
김제남도 모의謀議에 참여했다고
진술陳述한 깊은 뜻이

훗날
인조반정仁祖反正의 명분名分으로 이어질 줄
어느 누가 짐작이나 했으랴

서양갑의 허허로운 웃음소리는
쓸쓸히 흩어지고

초엿샛날에는 다시 못 올 먼 길 떠났다.

3

전하 혼자서 외롭게 있으나
흔들림 없는 보필輔弼의
강직强直한 신하가 없는 조정이라서
대군추대大君推戴 하려는 자리에
이정귀 김상용도 같이 있었습니다

선왕先王 능陵 행차行次 때에 거사하는데
동궁 먼저 처치하고
다음은 대비의 교지 받들어
성중사람 앞세운다면

어느 누가
응하지 않으리요 하면서
모두 내응 한다고 장담했다면서
평소 지나는 사이가 서먹서먹하던
이정귀 황신
최기남은 물과 불 속에서도
나를 구원한다 했고
변용성도 참여하리라 했다 하니

오월
보름날

음흉한 이이첨의 사주 받은 정협이
권불십년權不十年에
화무십일홍花無十日紅의 의미 생각지 않고

개가 제 꼬리 물 듯 본인이 본인
거짓부렁이 시키며
있지도 아니한 허위사실

대비의 친정아버지
연흥부원군 김제남의 말이라며

친국親鞫 때마다 그럴듯하게 진술陳述함에
공경대부에 사대부들이 잡혀 오면서
국문에 목숨 잃고

혹은 내쫓기고
먼 귀양길 떠나느라
조정이 빌 정도 되었으니

들 내쉬는 이이첨의 숨결 따라
사람이 살아나기도 하고
찬 서리에 고스러지는

선조 임금 모셨던 궁녀는 처형되고
스스로 자진自盡하여 죽어가니
그때 궁녀는 거의 없게 되었다

선조 임금이 병석에 자주 눕는 것은
죽은 인현왕후仁顯王后의

심술궂은 훼방毁謗이라는 무당巫堂 말에
걱정하시지 말고
좋은 곳에서 편히 잘 계시라며
유능裕陵에 처방했음 기화로
대비전大妃殿 옥사獄事가 일어나니

궁녀인 행이 환이는 사약 받고
서넛은 끌려가고
소경 무당
북 치는 고수가 처형됐으나
거짓 고변한 박응서가 풀려나니

정항과
포도대장 한희길은
바라고 바라던 일등공신一等功臣이 되었다

구린내에 똥파리 모여들고
음식 썩는 자리마다

구더기가 득시글거린다더니
권력勸力과 명예욕名譽慾에 두 눈멀어
어찌하면 잘 보일까 노심초사勞心焦思하는데

丙午年(1606년) 생으로
올해 나이가 여덟 살인
영창대군을 역적으로 처단하고
대비 폐하고
김제남을 엄히 국문해야 한다고

사헌부와 사간원 양사兩司에
빈청賓廳과
종친宗親이며
일부 유학幼學에
외척外戚들이 하루가 멀다하고 외쳐대니

쥐 잡기 위해 돌 던지려 해도
그릇 깨어질까 염려되고

빈대 잡자고 초가삼간 태울 수 없다며

임금이 머뭇거리자
좌의정 이항복
대사헌 최유원 대사간 이지완이
자전慈殿에 관한 일은 크고 중대하여
감히 신하臣下가 논할 바 아니나
다스림 받는 백성들

생활윤리 규범인 충효인의忠孝仁義에
후세비판後世批判도 생각하셔야 한다고
간곡懇曲히 아뢰는 소리에 멈칫했으나

癸丑年(1613년)
사월
스무여드렛날

가까이에 두고는 도저히
편히 밤잠 이룰 수 없겠다 싶었는지

외딴 섬에 김제남을 위리안치하려 하자
언년아, 언년아 네 아버지가 죽는데
살리려하지 않고 무엇 하느냐, 는

대비의 친정어머니 광주 노씨

피맺힌 울부짖음이
높다란 궁궐 담장 넘나드는

유월 초하룻날
서소문 밖에서
김제남에게 사약死藥이 내려졌다

대비의 면담요청거절面談要請拒絕하는
임금에 이어
목숨 상징하는 머리카락 잘라
중전中殿에게 보내면서까지
친정아버지와
아들의 무사無事를 빌었으나

이 또한 용납容納 되지 않아
김제남의 세 아들 모두가
화를 입었지만

며느리 정씨鄭氏의 재치와 기지로
어린 두 손자 중
하나가 급사急死했다고

무명베에

돌멩이 둘둘 말아
선산에 거짓으로 장사지내어
대를 이어가는 기적奇績 이루었으나

癸丑年(1613년)
오월
스무이튿날

적자嫡子인 대군으로 태어난 죄로
관직삭탈官職削奪 당하고
서인庶人이 된 여덟 살 영창대군

같은 해
팔월
스무날

외로운 섬 강화도에 위리안치圍籬安置 되고
다음해의 찬기 가시는
우수 경칩 춘분이 지나면서
연분홍빛 진달래 꽃잎
물아래 아스라이 걸리는

甲寅年(1614년)

이월
스무날

강화부사 정항에 의하여
증살蒸殺의 죽임당하니

때의 나이
아홉 살
세상물정世上物情 모르는 어린아이였다
戊午年(1618년)
시월
열이튿날

역적(?) 김제남의 처 노 씨를
제주도로 귀양 보내어
동헌東軒의 관비官婢 삼으니

선조 임금이 붕어하신 10년 전부터
슬픈 날 이어져 오면서
눈가에 눈물 마를 날 없었다

얼마나 많은 사람들이,
죽고

상하고 고통받고
살결 찢기는
날들이 이어져 갔으면

솔 껍질 패대면 떡이 나오는데
사람 쳐대니 피투성이 역적逆賊이
조기 새끼이듯

줄줄이 엮여져 나온다는 냉소冷笑가
바람결로 흩뿌려져
한양漢陽 성중城中
골목골목 떠돌고 있었다.

4

제 꾀에 제가 넘어가고
괭이로 판 구덩이에
제가 먼저 들어가는 것은
제 자신自身을 제가 다스리지 못하여

스스로를 믿지 못하기 때문이니
먼길 떠나기에 앞서
어느 쪽으로 가는지 알았다 해도
가다보면 어려움에 처하기 다반사茶飯事라서

길 잘 아는 사람에게 여쭈어보면

저쪽 가시밭길로 이어진 길은
끝이 보이지 않고
이 길로 가면 별다른 장애障礙가 없이
목적지目的地에 이르게 된다고
자세하고 친절하게 알려주는데도

살아가면서 주위 사람 믿지 못하고
매사가 부정적인 사람은
믿으려 들지 않고
구할 수 없는 함정陷穽에 빠지는 경우가
비일비재非一非再하게
우리 주위에 흔히 있는 일

손가락으로 누구누구 할 것 없이
열린 두 눈으로 똑똑히 보고
뚫린 두 귀로 듣는
직접적인 경험經驗 무수히 했듯이

선조 임금도 스스로의 삶이
오래지 못 할 것임을 예감하는
무언가의 느낌이 마음에 있었는지

동기간에 서로 사랑하기를
내가 살아있을 때처럼 하고

형이 아우 돌보면서
참소讒疏는 듣거나 보지 말라는 유언遺言
광해군에게 당부하고는
영창이 아직 관례冠禮 올리지 못한
어린아이라서

하루가 다르게 자라는 모습 못 보니
마음이 심히 혼란스러우면서
걱정스럽고 안타깝다

내 죽은 뒤를
헤아리기가 어려워
경卿들에게 부탁한다는 유언
선조宣祖 임금이 일곱 대신들에게 남기고

戊申年(1608년)
이월
초하룻날

감기지 않는 눈 감고 저승으로 떠난

육년 뒤
영창대군의 처참한 죽음 보고
모두 슬퍼했으니
임금께서는 마땅히

사랑으로 대군을 무릎에 앉히시고
과자와 과일 등
좋은 음식 먹이며
해코자 하는 자 있어도
내가 곁에 있으니

놀라지 말라고 했어야만
선왕혼령先王魂靈이 위로慰勞받았을 텐데
차마 할 수 없는 일 했다면서

전 대신 심희수는 대성통곡에
옷소매가 다 젖도록 울었고
양식 있는 식자識者며
백성들도 손으로 얼굴 가리고 흐느끼면서

영창대군의 무사無事를 축원祝願했던 일
눈앞으로 스쳐 가는데
대군이 강화도로 떠나는 날

대비 곁을 한 시도 떠나지 않는
어린아이 영창대군을
어머니 몰래
강제로 빼앗으려고

같은 해
칠월
스무하룻날

힘센 상궁과 나인 열 명이
대비처소에 뛰어들어
솔개가 병아리 낚아채듯하니
맨발 차림으로 뛰어내린
대비의 뒤쫓음이 미치지 못하여

사지死地로 떠나는 품안의 어린 자식
지켜주지 못해 치미는 열기에
더는 걸을 수 없고

고함 한 번 힘껏 내지를 수 없어
고꾸라진 마당 한가운데에서

한 시진 동안이나

혼절昏絶하여 있었으니
남의 일 같지 않은 주위周圍 사람들
모두가 흐느껴 울었다

이러한 때에 잡혀가는 궁여宮女들이
머리 풀어헤치고
눈물 흘리며
대비마마
저희는 지금 죽으러 갑니다

부디 옥체보중玉體保重하시고
오늘 일
잊지 마소서 하면서
떨어지지 않는 발길로

궁궐 모습 둘러보다가
동료들과 오랜 작별作別 고하고
아들 하나마저 잃어버린 청상과부

대비의 마른 몸매
유심히 살피고 또 살펴보면서
나졸호통邏卒號筒에 하릴없이 끌려가니

궁문 밖으로 나갔다하면
살아서 돌아오는 사람 없으므로
대비 곁 돌보아 줄 궁녀가
몇 명 없다. 고

느티나무 잎 흔드는 매미 소리로
폭염暴炎 쏟는 염천炎天에
밤새워 슬피 우는 풀벌레다.

|제2부|

너는 내 어머니가 아니다

자식에게 허물 있을 때에는 어버이가, 어버이에게 허물 있을 때에는 자식이 감싸 안고 살아가는 것이 우리네 삶이었으니 설사 부모에게 잘못있다 하여도 우리의 역사상 자식이 부모를 폐한 일은 일찍이 없었다.

어미를 폐廢하다

1

아무것 아닌 것 같은 농사짓기에도
꼭 지켜야할 세 가지가 있으니

첫째: 때 잃지 않아야 하고
둘째: 차근차근 하여야 하며
셋째: 부지런히 돌보는 것으로

세상만사 모두가 위와 같을지니
백성 다스리는 정치 또한

이러한 범주 벗어날 수 없는 것으로
첫째: 정도正道로 가야하며
둘째: 많은 사람 즐겁게 하여야 하고
셋째: 정직성실正直誠實하여야 함을
모르는 사람이야 없겠지만

쉬운 실행實行 아님을
고금古今의 역사歷史가 말하여 주면서
한 가지 분명分明한 것은

지켜야 할 것 지킬 때는
넉넉한 풍년豊年이 오고
자손 모두의 앞길이 환히 열리는
태평성대가 있으나

본분망각本分忘却하고
겸손 겸양 겸허 저버린 자에게는
벗고 굶주리는 흉년凶年으로
패가망신敗家亡身이 따르기 마련이니

선비들이 앞다투어 글 읽음이
이런 이치 벗어나지 않으려는 것으로
당시의 선비 홍우원은

'서제書齋의 방은 차고 고요한데
창밖에는 눈 쌓이고
옛사람의 책이 있으니
사람은 가고 없어도
오래된 책이 나를 일깨우네,

한 번 읽음에 홀연히 눈 열리고
두 번 읽어 마음에 새기니
아름다운 그 말씀 음미하면서

읽고 또 읽으니
끝없는 의리義理 담겨져 있는데
윤편자는 어이하여
책을 찌꺼기에 비유했을까

성인 말씀 방자放恣하게 모독冒瀆했으니
이보다 더 심한 일 어디 또 있으랴
먼 훗날에 뜻 두고 있지만
세상世上에 쓰이지 못하는 자질資質이라서

초야草野에 묻혀있어도
천만 권의 책이 방안에 가득하니
하늘이 주신 생명 중
남은 시간으로 오갈 때마다
가슴에 새김 잊지 않으리.' 라고

벼슬길로 출사出仕치 못하는 자신의
기구한 신세한탄身世恨歎에
뜻과 의지 알아주지 않는 세태世態

은근히 비난하는 글이며

'피산 아래 내 거처에서는
쉬어가면서 머리 감을 수 있네

흐르는 옛 시냇물이 맑고 시원하니
갓끈 풀어놓고 이 물에 씻어
물 마시고 밥 지어 먹으니

깊숙한 이산에
누가 나를 따라 노닐까. 하는
성수침의 글 읊어보면서

햇볕 들 기미 없는 서궁西宮
대왕대비 김씨는
오늘도 눈물 속의 지난날
가슴이 저미도록 돌아다보니
지아비 선조의 떠남이 어언 열 한 해

세상에 왔다가
흔적 하나 남길 수 없는
인생무상 뼈가 아리도록 느끼며
솟구치는 한숨 쏟아내는

그 사이에 친정아버지는 사사賜死되고
오라버니와 남동생 둘
역모혐의逆謀嫌疑로 죽임당하였으며

오랜만의 적자탄생에 온 나라가 기뻐하든
철부지 어린 아들 영창대군마저
폐서인廢庶人 되어
위리안치 된 강화도에서
생명 부지扶持하나 염려스러웠는데

甲寅年(1614년)
이월
스무날

푸른 파도가 남실거리는
먼 서해 바다 외딴섬 강화도
가시덤불울타리에 둘러싸인 집
작은방에 가두어 놓고

지핀 장작불에 손발톱이 타들어가
숯덩이의 주검 된
어린 자식 가슴에 묻는가 했으나

사 년 뒤인 戊午年(1618년)
이월
초사흗날

제 아버지가 종묘宗廟에 고하고
의식 갖춘 친영례親迎禮로 맞이한 어미
대비라는 호칭呼稱마저 삭탈削奪하고
후궁대우後宮待遇한다며
경운궁에 유폐하고 서궁이라 부르는
기막힌 세월 이어나가는
신세자탄身世自嘆의 인목대비다

甲申年(1584년)
동짓달
열엿샛날

연안 김 씨 제남과 광주 노씨 사이의
둘째로 태어나
부러울 것 없이 자란 나이
열아홉 되던 해에
왕비 간택령揀擇令이 발표되고

조선 천지에 금혼령禁婚令 내려져

내노라하는 명문가정名文家庭
후보자候補者 사주단자四柱單子에 의하여

초간택初揀擇
재간택 거쳐
삼간택에 이르던

壬寅年(1602년)
이월

초사흗날이다

조선의 국모國母로 선택選擇 되어
백성百姓들과 만조백관의 하례賀禮 받으며
사당祠堂에 들려 조상님께 고하고
부모님께 작별인사作別人事 올린 후에

임시臨時 거처지居處地
중국사신 숙소인 태평관太平館에 들었던
꿈과 같았든 일이며

같은 해
유월

열사흗날 묘시卯時

만백성들이 주시注視하는 가운데
가례도감嘉禮都監 정사인 좌의정 김명원에
부사인 호조판서 한응인이
납채納采의 예

별궁別宮에서 행하고

같은 달
열이렛날
묘시卯時

신랑인 임금께서 친히
걸음 옮기시어
납징納徵의 예 행하였으며

같은 달
열아흐렛날에는
정사와
부사가 함께
고기告期의 예 받들었고

다음 날인
유월
스무날 묘시
오뉴월 더위로 이마에 땀 맺히고
촉촉이 젖어드는 속곳에

뛰는 가슴 움켜쥐고
조선의 국모라는
왕비 책비冊妃 의식이 있었다,

'대소 간에 인간의 큰 도리는
부부에서 시작되고
왕의 교화敎化는 내조內助로 이루어지니
구족九族
화목케 하는데 진력함을
애써 노력努力하여

내 말 욕되게 하지 말라' 는
임금 교시敎示에 이어
같은 해

칠월
열사흗날 묘시

중국 사신 숙소인 태평관에서
신랑인 임금 친영례親迎禮 후後
정사와 부사의 봉영奉迎으로

깊은 구중궁궐九重宮闕에 이르렀던 일들이
어제 일처럼
눈앞에 어른거리고 있었다.

2

바닷바람에 솔바람 소리 슬프고
소나무 그림자가 수척하다,

허나 곧은 뿌리
땅속 깊이 뻗어있어,
눈 서리도 그 모습 못 지우네. 라는
성종, 중종연간의 김정金淨 詩가 생각나는
辛亥年(1611년)
섣달
열하룻날

매서운 섣달 찬바람과 한설寒雪에
임금 광해가 대비 모시고
창경궁에서 경운궁으로 옮기더니

대비 홀로 남겨두고
창덕궁으로 돌아옴을 보고

임금께서 경운궁에 대비 남겨두려 한다는
백성들 억측臆測이 옳다면
신臣은 마땅히 연輦을 범하여
나아가지 못하도록 가로막을 것이며
목에 피를 내고
주상의 옷자락 울며 끌어당겨

그러시지 말라고 간하다가 죽으리다. 하고
광해군 2년의 과거科擧에 등과한
정언正言 벼슬
정온鄭蘊이
글 올려 간곡히 만류했으나

먹거리에 앉은 까만 파리떼 마냥
너 나 없이 칠서七庶의 옥에서 조작된
증거 없는 자백을 근거로
대비 폐하자는 상소가 꼬리 잇는

乙卯年(1615년)
구월

대비의 거처 따로 정하여야 한다고
오가는 말이 있었으나
이로 인하여 문제가 생긴다면

세 가지 강령과 지켜야 할 다섯 가지 윤리
삼강오륜三綱五倫에 의하여
어머니가 자식 사랑치 않는다하여도
자식은 어머니에게 효도하여야하는

큰 윤리倫理가 있는데
대비를 어찌
동요시킬 수 있으리까.

만약 길거리의 뜬소문 믿고
신이 이리한다면
죄로 엄하게 다스려
백성들 마음 안정케 하소서, 하는
늙은 이원익을 홍주洪州로 귀양 보내니

하늘 우러러 긴 한숨 내쉬면서
친우가 보낸 한 됫박 쌀이나
한 치의 베도 마다하면서
짚으로 만든 멍석이며 둥주리

한 가닥 두 가닥
지나가는 세월 끌어다 엮으며 보내니

행동거지行動擧止가 분명하고 뜻이 뚜렷한
고고한 학의 기품
좁지 않은 방에 가득 서리는

丁巳年(1617년)
삼월
열이렛날

대비의 거처 옮긴 북문 밖 사면四面에
잡인 출입 엄하게 금하며
창덕궁 창경궁의 가위장假衛將 지휘로
사방둘레 숙직케 하여
외부와의 소통차단疏通遮斷하는 것 보고

같은 해의
유월

스무하룻날이다
아직 벼슬하지 못한 유학幼學 조즘이

대비는 선조께서 친영례로 맞이한
전하의 어머니이십니다
그런데도 옛 궁전에서

귀신들과 같이 기거하면서
햇빛 못 본 지가
어언
육 개월 되었으나

임금에게 간하는 신하 없고
삼사三司는 임금의 뜻에 따르려하니
세상이 놀라고 땅이 요동칠 일로
모두가 말하기를
전하는 귀신 피하면서
대비 홀로

피하지 않게 하심은 옳은 일이 아니라서
지금도 하늘이 내려다보고 있다는
백성들의 마음

신이 감히 속일 수 없는데
하물며 임금 속일 수야 있겠습니까
형벌刑罰 기다릴 뿐입니다, 하니

옆에 있던 한 관원이 일어나 혀 차며
아까운 사람이 또 하나 죽겠다,
이 또한 운명이니 어찌하랴, 하였고

다른 이는 얼굴빛이 슬퍼지면서
난리라도 났으면 좋겠다고
손으로 책상 내려치고 또 치는

같은 해
칠월 보름날

옥에 가두어 두었다가

乙未年(1619년)
오월
남해에 위리안치圍籬安置 시켰다.

3

부채 바람이 큰불 부르듯
丙辰年(1616년) 가을에 일기 시작한
폐비론廢妃論이 도를 더하여가며

의적 홍길동전洪吉童傳의 저자著者인 허균許筠마저

영창대군은
선조의 아들이 아니며
민가民家의 아이 데려다 기른 것이라고
때와 장소의 구분 없이 말하면서

같은 해
시월
초이튿날이다

대비의 친정어머니
김제남의 처도 목 베라 소疏 올리고
광해군 10년인 戊寅年(1618년)
박몽준 한보길 설구인 윤유겸 등이
대비 폐하고자 하나

시임時任영의정 기자헌은 이핑계 저핑계로
결정決定 미루고
앞뒤 돌아보는 우의정 한효순에
원임原任 정창연은 병이라며
한 마디의 답도 아니 하니

옥당에서 차자箚子 올려
기자헌 이항복 정홍익 김덕함을

위리안치圍籬安置 하자, 하고

진사 최상길은
서궁에 올리는 아침 인사와
공물 진상하는 일 없이
위 네 사람 목 베자고 청하니

눈치만 살피던 삼사三司는
때는 지금이라고 환호성 지르며
위리안치 주장하고 있음에도

임금 광해는
여러 의견에는 전은全恩이 있고
좋은 말 들으려는 자가 있는가 하면
병을 핑계한 사람도 있다,
모호模糊한 태도에 의사표시意思表示 미루는
모두를 다스릴 수 없는 것이니

영의정 기자헌 귀양 보내라 함에
당초 삭주로 결정되었으나
회령으로 변경되었고

이항복은 고향으로 추방했으나

같은 해의
동짓달
열엿샛날

귀양지가 홍해로 변경되었다가

스무하룻날에는 창성
창성에서 경원
경원이 삼수
삼수가 북청 되어 떠나는 날

이호민 등과 산단山壇에서 작별하며
노구老軀로 먼 길 떠남에
참석한 모두 눈물 흘리는 가운데
내 걸음걸이가 가장 늦고나
과연 어느 때 되어야

나 또한 따라갈 것인가,
다시는 작별할 친구도 없겠네. 하고
詩로서 작별 인사 올리니

'구름 덮인 해가 쓸쓸해하며
대낮이 밤처럼 어두워

북풍은 멀리 떠나는 옷자락 붙잡고
갈기갈기 찢으려하는구나

요동성이야 의당 옛날과 같겠지만
영위令威에 가서
오지 못할까 염려로세.' 하는
시詩로 화답하고 망우령忘憂嶺 지나다가

'바람이 모질어도 마음 뚫기 어려우니
서관西關의 만첩萬疊 산 두렵지 않고
진암震巖의 천 길 고개
돌아보니 목릉穆陵이 차구나.' 라고

자신의 마음 표현하다가
오르막 사십 리에 내리막 사십 리
굽이굽이 아흔아홉 굽이라
새들도 쉬어 넘는다는
함경도의 철령鐵嶺에 올라와서는

'철령鐵嶺 높은 재에 자고 가는 저 구름아
고신孤臣의 눈물 비 삼아 띄웠다가
임 계신 구중궁궐九重宮闕에 뿌려본들 어떠리.' 로
변치 않는 일편단심一片丹心

시로서 읊어보기도 하는데

같은 날 같은 죄목에
종성으로 떠난 정홍익은
순舜이 자기 속였다고 탄식했지만

예조禮曹에서는 설날 아침
대비전에 인사 거행치 않겠다 하니

웃음의 광해는 그리하라 일렀다

4

'아침 경치 한껏 맑아
산봉우리에 구름지나고
시냇물 휘돌아 흐르는 곳에
파릇파릇한 새싹 돋아 오른다

들 빛에 봄 색 더하여가고
소나무에 바람 부니
물소리 들리는데
비파 놓고 일어설게 뭐있나
구태여 강 찾을 일 없지 않은가.' 라는

조선 전기의 문신文臣 이석형 글에도
풀림 없는 심기心氣가
불 지핀 가슴으로 뜨거운 날에
오는 이 없으니 가는 이도 없어

가슴 열어 마음껏 울고 싶어도
때려주는 이 없어
이마의 콧등에 장맛비 흐르는

육칠월 내 내의 폐모론廢母論에
상궁尙宮이며 시녀侍女 궁인宮人
삼십여 명이 끌려가면서

대비마마 옥체 보중하시어
오늘 일 잊지 마소서
소인은 죽으러 갑니다. 라고
울부짖던 소리가
귓가 맴돌며 흐느끼는데

때는 복인福人 몫만이 아닌가 보다
구덩이의 장구벌레와
썩는 고기에
까맣게 달라붙는 쉬파리

제 세상 인양 날개 휘젓고 다니는
이때에 이르러
폐비론이 극성 이루었으니

丁巳年(1617년)
동짓달
스무이렛날

벼슬하지 못한 유학幼學 이극광은
현 상황이 마치
주객主客이 뒤바뀐 모습 되어
중국 하夏나라의 폭군 걸桀의 개가
요堯 임금 보고
짖는 것과 다름이 아니라면서
앞뒤가 다름을 바로 잡으라 했고

유학 이규는
서궁 나인을 엄히 단속하여

외부와 내통內通하는 일 없도록 하고
대비는 폐하고 내쫓아
종사宗社 편안케 하라, 하니

戊午年(1618년)
정월 초하룻날 유학 최숙은

이각李覺이 스스로 참여한 비밀
알고 있음이 분명한데도
말하지 아니하고
서궁 폐하자는 의견이 없고 하니

베인 목 장대에 매달아
만인의 본보기로 하고
대비는 지금 즉시
폐하기를 청한다는
모함의 글 임금께 올리니
다음 날인 초이튿날

삼사三司가 같이 아뢰기를
무고誣告와 저주咀呪가 대궐에 낭자하고
반역모의反逆謀議에 응한 것이

청천백일하에 드러났으므로
폐비 늦출 수 없다하므로
거행하여 종사 편안케 하라. 하니

같은 해(1618년)
이월
초나흗날

대비를 서궁으로 폐출한다며
종묘에 고하고
교지 돌린다는 방문榜文 포고布告하니

열하룻날에는 존호尊號 깎아내려
옥책玉册과 옥보玉寶 걷어가고

궁내 최고 어른인
대비 버려
어머니를 어머니로 알지 않고
서궁이라 부르게 하니
납징 납폐의 문서 반환하라면서

어보御寶 내놓으라하고
휘지徽旨와 표신標信 못 쓰게 하며
여연輿輦과 의장儀狀마저 가져가고도
마음에 차지않았나 보다
문안숙배問安肅拜 없이하고

각종 편의시설便宜施設 폐지하며
공물貢物과 진상進上
물품공급과 공상供上 없이하였다
서궁에 공급하는 모든 것은
후궁 예에 따르게 하며
하나뿐인 공주혼인公主婚姻 때에는

옹주翁主의 예에 준한다고 했다
엎친 곳에 무언가가 또 덮치고
슬픔과 절망은 나뉘는 것 아니고
항시 같이 있다 하더니

같은 해(1618년)
사월
열이튿날

친정어머니 노 씨를
바다 건너 먼 곳의 외딴 섬
제주 관아 관비官婢로 삼으니
어찌 천도天道가 무심無心하리오, 소리가
장안長安에 널리 퍼지고 있었다.

긴 겨울밤이 시작되고

1

살아가는 즐거움에 두 가지가 있으니
첫째는 보고 싶지 않은 사람
보지 않는 것이요

둘째는 듣고 싶지 않은 소리
듣지 않는 것이라면서
술에서 깨어나지 않았으면 좋겠다는

어느 촌부村夫의 말이 있었으나
보기 싫은 사람 보지 않고

듣기 싫은 말 듣지 않음은 하나라
싫은 사람 바로 보고
싫은 소리 듣는 길뿐이니
싫다고 외면外面하기보다는

마주 보며 환히 웃어주면서
하고 싶은 이야기 마음껏 하도록
배려配慮하는 것 또한
작은 도량度量으로는 할 수 없는
큰 그릇 되어져 가는 과정이니
스스로의 덕德
스스로 높이는 일이다, 고 한

어느 옛 선비는
학문學問이라고 하는 것은
사람이 사람답게 되는 길
가르치고 이끌어서 좋게 하려 함이나
가장 중요한 것은 실천實踐이라서

말만 잘하고 실행實行하지 않으면
쓸모없는 사람이라 했고

혼자 있을 때일수록 더욱 삼가하고
몸과 마음 깨끗이 하며
남들보다 백배百倍나 더 노력한다면
그것이 바로
부끄러움 아는 것이라고 했듯이

매사每事에 열熱과 성誠을 다하여
좋은 삶 이루어야겠다는 다짐
정월 초하루를 전후前後하여 생각게 되니

해뜨기 전에 일어나
어머니가 지어주신 바지저고리 입고
할아버지 할머니에게 인사人事 올리며
부모님께 세배歲拜 후
집안 어른 찾아뵌 다음

간밤에 내린 눈으로 하얀 길 저쪽
트인 남녘 향하여 차린
차례상 앞에 꿇어앉아

강신재배降神再拜
분향재배焚香再拜
참신재배參神再拜로
조상님祖上任 음덕蔭德에 감사感謝드리고
다시 뵙겠다는 인사人事 올린 후

음식상에 둘러앉아
서로 나누어 먹는 덕담德談에
하얀 쌀밥이 풍년豊年 손짓하고

음복주飮福酒 한 잔으로
아픔 없고 근심 걱정 없는 모두
부귀영화富貴榮華 기리는 웃음에
새해 첫날 아침 해 솟는 것이

우리네 설날인 정월 초하루였는데
때도 모르고 설쳐댄다더니
무엇이 그리 급한지

戊午年(1618년)의
정월
초하룻날

유생幼生들의 출사出仕욕망 때문인지
최숙을 필두筆頭로
대비 폐비의 상소가 줄 이으며

백관百官은 날마다 세 번 아뢰고
종친宗親이 두 번
옥당玉堂에서도 두 번 글 올리고
성균관과 사학四學이 두 번 소 올리니
벼슬이 좋긴 좋은가 보다고
빈정거리는 백성들이야,

있거나 말거나 후환後患 두려워 앞장서고
남에게 뒤질 수 없다는 호승심好勝心에
앉아있던 사람이나
누웠던 사람 모두 일어나니

같은 해 같은 달
여드렛날에는 유학 설구인
아흐렛날에도 전 훈도 김대하
열하룻날은 유학 김창
열이튿날에도 유학 김윤겸
열나흗날 유학 김상건 이 소 올리니

열아흐렛 날에는
나의 무슨 허물로 이리 벌罰이내리는가
차라리 인간 세상 버리고
아무도 보이지 않는 곳에서
여생餘生 마침이 좋겠다는
본마음은 머리 위 선반에 얹어놓고

대비전에 아침 문안問安하지 않으면서
듣기 좋은 푸념이나 늘어놓고

호사豪奢스런 생활生活 하지 말고

공물貢物 올림 폐지하고
존호尊號 깎아내리고
대비폐출大妃廢黜 의논한다는
스무아흐렛날이 되어서야,
하루에 세 번
신하들의 아룀이 그치게 되었다

대비 폐할 때 정청政廳에 나아간 대신은
좌의정 한효순 필두로
우의정인 민몽룡
좌찬성 박승종 등 564명이고

참석參席하지 않은 사람은
종친 중 선조의 아들 의창군 관寬과

영돈녕 정창언, 진원부원군 유근
능해군 구성 등 모두 47명 이었다

2

일 추진推進하고 성과成果 얻기 위하여
수많은 날에 여러 달
여러 해에 걸쳐 노력努力 한 보람 없이
결과結果가 만족滿足스럽지 못할 때에는

짜증나고 화가 치밀면서
신경질적神經質的인 행위行爲 있음은
인간사에서 있는 일이라

임금 광해도
눈엣가시 같은 폐비 실현實現하려
수많은 시간과
기울였던 정성精誠이 얼마였든가
가슴 밑바닥 차고 오르는 울화鬱火

나름대로 참고 견디기 어려웠는지
조정중신朝廷重臣 앞에서

'신하臣下의 도리가 비로 쓸어버린 듯하니
그 죄가 도리어
대비 편에 가담한 자보다 더하다' 는

질책叱責 후에야 이들의 형刑을 청하니
어찌 내 말이 있어야 논의論議하고
형율刑律 가하려 하느냐는
분노忿怒의 말 쏟아 놓고서야

여럿이 의논할 때에 불참不參하거나

이의제기異議提起했거나
제 의사意思 이야기하지 아니한

종친 의창군 등
서른다섯 명을 멀리 귀양 보내고
하급관리는 관직官職에서 축출逐出하였으니
언어행동言語行動이 바른 사람마다
죽고 상하여

내쫓김이 많아지면서
정치政治는 문란紊亂해지고
인심이 달아나기 시작했으니

辛酉年(1621년)
칠월
초아흐렛날

분승지分承旨 조우민이 서궁에 입직入直하여

'적막행낭에 새소리 슬프구나,
풀숲에 가리어진 뜰
엄한 자리에서 출납 맡았는데
오랜 기간 황량荒涼한 세월에

먼지가 부옇게 쌓여있다
나비는 시든 꽃 따라 섬돌 희롱戱弄하니
물시계에 물이 끊긴지 오래되었고
멀리 떠난 향로香爐 불에
촛대는 저 홀로 서 있고나

고단한 모습이 남의 일 같지 않은데
오르내린 발자국은
머나 먼 저승에 떨어져 있어
몰래 눈물 흘리니

풀과 나무가 뜰에 가득함에
견디기가 어렵다.' 고
당시當時의 풍경風景 애달프게 읊으면서

'전지傳旨 받들고 싶어도
봉행奉行할 전지 하나 없으니
승지직함承旨職銜은 어느 때나 시행施行할고

황혼黃昏에 주렴珠簾 그림자가 어두워지니
박쥐들이 파리 차 먹네.' 라고
처한 자신의 위치와
대비의 참담慘憺한 생활을 슬퍼하였다.

3

마음에 느낌이 있었는지
辛酉年(1621년)에 이이첨이
이위경 대사헌 임취정과 같이
대비 해치려는 낌새
알아차리고 놀란 이귀李貴가 한교에게

선조 때 영의정 유영경의 죽음은
다른 사람이 모사했으나
스스로 모든 혐의
뒤집어썼으니
만약 공이 행한다면
그 죄와 어찌 비교한다 하리까,

조선조정朝鮮朝廷과 백성, 명明나라와 후금後金이
공의 머리 취하려 할 것이니
어찌 막으려오, 하는 말

전해 들은 이이첨도
자라에 놀란 가슴 솥뚜껑에 놀란다고
뛰는 가슴 쓸어내리는데

壬戌年(1622년)

선달
강원감사 백대형이
임기만료任期滿了로 귀향歸鄕하면서
서궁이 지금껏 살아있다면
나는 장사葬事지낼 땅도
없을 것이라 걱정하니

윤인尹訒과 이인경李寅卿이
훗날 뉘우침보다 일 시작始作하자며

섣달 그믐날 밤 잡귀雜鬼 쫓는 놀음 때에
광대와 무수리로 도적무리 이끌고
징 장구와 북 꽹과리 울리며
서궁 담 뛰어넘어
대비 해치우자고 한 날 밤이다

청상靑孀의 몸으로 동지섣달 긴긴밤에
초저녁잠 청했으나
영창대군이며
친정 부모님과 동기들 모습에
홀로 눈물짓다가 깜박 잠든 사이다

지아비 선조가 슬픈 기색으로 다가와

까칠한 대비 이마에
다정스레 손 얹어 보고는

생전에는 한 번도 들어본 적 없는
"여보"

"중전中殿"을
다정스레 부르고는
왜 이리 멍하고 있는 거요

중전의 생명生命 노리는 무리가
지금
저만치
들이닥치고 있으니
어서 빨리 몸 피하시오

내가 있는 곳에 아직 올 때 아니니
이승에 더 좀 계시다가
광해란 놈
그놈이 망하는 꼴 보고 오시구려, 하고는
바람 앞의 연기처럼 사라지니

그간의 일들에 참고 참았던 서러움이

가슴에서 북받쳐 올라오고

자신自身도 모르게 놀란
가슴 에이는 반가움의 물결이
방안 휘돌아 문밖으로 넘쳐나면서
놀란 눈으로 내달려온 상궁에게
자초지종自初至終 하소연하니

오늘 밤은 소인이 대신代身하여
침전이용 하려니 어서 나가라며
자기 처소處所로 밀쳐내었다

때마침 이런 낌새 알아차린
몇몇이 달려왔으나
괴한들은 이미 멀리 사라져 없고

그들이 디디고 넘나들 때마다
갈, 갈이 찢기고 갈라진
대비의 가슴 인양
여기저기 담장 아래 깨진 기왓장만

말없이 지켜보고 있었다,

박승종 아들과
이이첨 여식이 결혼結婚하여
얻은 손녀딸이 세자빈世子嬪 되었으나
권력權力과 허영虛榮이 앞 가로막아
사돈査頓 사이가 서로 간에 서먹한 두 사람

폐비 말이 오가는 어느 날이든가
바람이 시원히 부는 정자에서
한적閑寂하게 마주 앉았다.

마침 까마귀 한 마리가 날개 치며
서럽게 울부짖는 모습
예사롭게 보이지 않았는지

비록 날짐승이라 하여도
제 부모 봉양奉養할 줄 알기에

반포지효反哺之孝의 말이 나왔으니
어찌 업신여겨보리오, 하고
박승종이 말한 얼마 후다

꽃가루를 발에 매단 벌 지남을 보고
작은 벌레인 미물微物인데도

군신君臣 구분이 확실하니
업신 여겨볼 수 없다고
말하는 이이첨

확고한 폐비 의사 확인確認하면서
이젠 어찌할 수 없음을 한숨으로 뿜는
세자빈 할아버지 박승종이었다.

바람에 길을 내다

1

절기 따라 입춘에 우수 지나고
개구리는 경칩에서 깨어나
버들가지 푸르름이 강물로 흘러
예서 제서 민들레꽃 피어나면
제비꽃 시새움에

개불알꽃 솟아오른 양지쪽
담장 아래 노니는 햇살 한 가닥
어느 사이에 물고 내달리는

잦은걸음의 병아리 발치에서 이는
앞 뒷산 새소리며
다순 바람에 파릇한 희망 솟는

癸亥年(1623년)

이월
초순 어느 날

임진란 때 소실된 광화문 옆 산기슭
길가 너럭바위다

오가는 사람이 아직 많지 않아
한산閑散한 주위周圍의 시원한 바람으로
개울물이 흘러내리는데

기골氣骨이 장대壯大한 사내 하나가
온몸 나른하게 파고드는 춘곤春困
이겨내기 어려웠는지

가던 걸음 멈추고 털썩 주저앉으며
세월이 빠르다더니
나도 어언
나이 먹었나 싶어 헤아리니

사십령의 오부 능선이구나, 하는
한숨의 자탄自嘆 소리
냇물과 어우러져 떠내려가는데

태종太宗의 둘째 아들
효령대군 8대손이라 하여도
방계傍系 왕손으로
아버지는 포천抱川 정읍현감井邑縣監 역임 후
절충장군으로 오위장 지냈으나

정작 본인本人은
옥구현감 고언명의 서녀庶女이자
임진란의 의병장으로 금산錦山전투에서
관군과 더불어 왜적과 싸웠으나

뜻 이루지 못하고 전사한
고경명 조카딸과의 사이에서 태어난
적자嫡子 아닌 서얼이었다

기운 가세家勢에 벼슬길 갈 수 없고
답답한 젊음 달랠 길 없어
울적한 마음으로

씨름판의 난장亂場에 뛰어들었고
망나니짓으로 노름판 전전하다가
충청도 홍성현의
천 석지기 부자 우종남 집 머슴 되었다

힘이 장사라서
몇 사람 몫의 일 혼자 해치우며

이따금씩 마주치는 주인댁主人宅 외동딸
뜨거운 눈길 아랑곳 않던

어느 날
쟁기질하는 사람 불러 세운
우 부자와 논두렁에서 마주 앉았다,

이러저러한 한담閑談과 세상 이야기에
가정내역家庭內譯이며
개인신상個人身上에 관한 이야기 끝이다

거두절미去頭截尾 다잡는 식으로
내 딸 자네에게 주려 하니
어때 결혼하겠나, 한다

아닌 밤중에 홍두깨라 더니
이런 경우를 두고 말한 것인가,
무슨 말 하려나 가슴 졸이며

내심 궁금해 하면서

머슴살이 그만두라고 할까 봐
멍하니 쳐다보고 있었는데
이야기하는 것이 점입가경漸入佳境이다

내 딸이 비록 여자이기는 하나
어려서 독서당獨書堂 차려주었지
사서삼경四書三經에 주역周易 읽는 아이라서
좋은 곳으로 시집가라 해도
막무가내로 마다하면서

자네 얼굴 본 이후부터는
다른 누구에게도
시집 아니 가겠다는 거야

방금전方今前 이야기 들어보니
자네는 왕손王孫 아닌가
우리 아이 보는 눈이 있어 그러하니
어때 내 딸과 결혼하게나. 한다

되는 집 며느리는
배불러서 들어오고
호박이 넝쿨 채 굴러온다더니

무언의 쾌재快哉 부르다가
한 가닥 남은 자존심自尊心
살려야겠다고 마음먹었는지

비록 서얼이라 하지만
왕손으로서 내려오는 가풍家風이 있어
부모님과 상의 하여야 한다고
시침 딱 떼고 한 발짝 뒤로 물러서니
급하고 초조焦燥해진 우 부자다

어느 사이에 부드러운 말씨 되여져
'어이 여보게'

마치 사위 부르듯 하며
그러지 말고 우리 딸과 부부 되게
그리한다면
집 한 채 한양에 마련한다는 소리에
못 이기는 척 결혼結婚한 후

서대문 밖 장동莊洞 숲속에
터 다듬고 탄탄한 주춧돌 놓아
작고 아담한 주막집 하나 마련했었다

2

나이 이십이 넘어서 결혼한 뒤부터
아내의 권유 따라
산 뒤쪽 깎아지른 바위 절벽絕壁 아래

태평사太平寺라는 작은 사찰
주지住持 스님에게 창칼과 도끼며 궁술弓術에
봉술棒術 열심히 익히면서

아내로부터 천자문千字文 배우기 시작하여
일촌광음一寸光陰 아끼며
소학 대학 열심히 읽던 어느 날이다

아내 우 씨가 건네주는 책 보니
이윤폐태갑伊尹廢太甲으로
이는 옛날 중국 땅에
이윤이라는 사람이

임금 태갑을 쫓아냈다는 것이나
아직 학문學問의 뜻 잘 모르는
남편 이기축李己丑에게 책 들려

저쪽에 가면 선비들이 있을 것이니

이 구절이 뭐냐고
여쭈어보고 오라는 말에
쏜살같이 달려가
누구의 눈치 살핌 없이 책 펴놓고

불문곡직不問曲直 다짜고짜로 이 글 뜻이
뭐냐고 물어보았다

생면부지生面不知로 알지 못하는 사람
거침없는 행동行動이며
더욱이 책 내용 훑어보고는
기절초풍토록 놀란 유생儒生들이

누가 시킨 거냐고 다잡는 물음에
조금도 지체遲滯하는 일 없이
제집 식구가 시켜서 한 일이라는데
더욱 놀란 이들과 집으로 오니

어느 사이에 준비했는지
새로 빚은 약주藥酒에 상다리가 휘도록
술상 차려 놓고
매무새 단정이 한 젊은 부인이
자리에 앉도록 권한 후에

두 손 머리에 얹어 큰절 올리며
능양군에게 먼저 한 잔 술
가득 부어 올리고는
다른 사람에게도 따른 연후然後다

자기 남편男便에게 눈길 주면서
좀 부족한 듯, 하나
어디라 없이 심성은 따뜻하고

충직忠直함이 더할 바 없고
해야 할일 책임회피責任回避하거나
못된 일 할 사람이 아니라면서

선비님들 관상 보아하니
이제 곧 새로운 임금이 나올 시기로
여기 계신 어른들께서
중추적中樞的 역할役割 할 것이 분명하므로
부족한 점 많은 제 남편이지만

마음만큼이나 힘이 좋아
창검槍劍에 활 쏘는 무예武藝 익혔으니
긴히 쓰일 때 있을 것이며
결코 해害 끼치는 일 없을 거라고

이번 일에 끼워 달란다,

만일 그렇게 해주신다면
한적한 이곳에
어느 누구도 드나들지 못하는

조용하고 깨끗한 방하나
이용할 수 있도록 한다는
다짐 말까지 하는 것 아닌가

마치 귀신鬼神에게 홀린 듯
여럿이 기이하게 여기면서도
자신들의 일에 대하여
손금 보듯 환히 알고 있음에

기가 막혀 허참, 허참 하다가
동지同志로 맞아들였으니
이들이 다른 사람 아닌

종친 능양군과
김류 이귀 등으로
뒤돌아 본 세월이 어언 두 해 전이다

3

슬하膝下에 4남매 두었고
丙申年(1620년) 무과武科에 급제及第했으나
선 이어볼 인맥人脈 없어
출사出仕치 못하고 있던 어느 날이다
몸 의지하고 있는 사촌형四寸兄
장단부사 이서가 한 통 서찰書札 건네며
만나 뵐 분의 본관은 밀양密陽 박 씨

판서 계현의 손자에 안서의 아들로
우의정과 좌의정 지냈으며
영의정으로 있다가 얼마 전에 물러난
밀양부원군이다

세자빈世子嬪의 할아버지이면서도
대비의 폐비논의에
극력반대極力反對 하는데 반해

폐비에 적극적인
며느리의 친정아버지
이이첨과는 사돈지간이지만

됨됨이에 마음 씀씀이 등이 훌륭하고

만사萬事를 생각하고 추진推進하는 것이나
판단判斷하는 것 모두
어느 한 군데
흠잡거나 나무랄 곳 없는

박승종에게 점잖이 전하고 오란다
의기義氣는 어디에서나 의기로 통하고
사나이가 사나이 알아보고
여인이 여인네 한 눈에 안다고 했듯이

부원군 대감마님
장단 부사 이서가 드리는 글
소인小人이 올리려 왔습니다,
때마침 홀로 앉아 바둑 즐기다가

우렁우렁한 섬돌 아래 소리에
눈길 돌려 바라보던
박승종이

가까이 오라며
반갑게 손짓하여
받아 든 서찰書札에 글자 없음과
온몸에서 풍기는 사내다운 풍모風貌에

절도節度 있는 몸가짐이 마음에 와 닿는 듯
활짝 웃음 띤 표정으로
한참 동안
지긋이 내려다보고는

장단 부사 이서와는 어떤 사이인고
예사 심부름 아닌 것이
틀림없다 싶어
눈빛으로 앞쪽 사내, 찬찬히
더듬고 살펴보며 말한다

예, 장단 부사 이서는 소인小人의 종형從兄이시며
삼년 전 무과武科에 급제及第했으나
아직 출사出仕치 못한

못난이 이기축
대감마님께 문안 인사 여쭙니다. 라고
맨땅에 꿇어앉아 너부죽이 절하는

단 한 번 만남에 뜻과 뜻이 통하여
서로의 안부 묻고 지내던
박승종

丁巳年(1617년)에
대비 폐모론廢母論이 대두될 무렵부터
폭음暴飮 삼가하라는 주위만류周圍挽留에도

이렇듯 술을 즐겨 마심은
곧 세상이 어지러워 질 것 같아서
속히 죽기를 바라기 때문이라며

한 마디로 임금 깨우칠 수 없고
만 번 죽어
은혜恩惠에 보답報答한다하여도
남음이 있다고
시詩로서 자신의 심정 읊으면서
복이 박薄하여 불행한 시대時代 만났으니

어서 빨리 죽기를 기다리는데
어찌 이것이 없어서야 되겠느냐며
극독약劇毒藥인 비상 넣은 큰 주머니
밤낮없이 옆구리에 차고 다니면서

홀로 방에 있을 때마다
서럽게 흐느껴 우는
심성心性 곱고 맑은 사람이라고

누군가의 귀띔이 있던

지난해의
선달
그믐날 밤

싱숭생숭한 마음 어둠으로 달래는데
다급한 박승종 부름으로
달려간 서궁에서
막 궁궐 담장 넘으려는

검은 그림자 조준照準하여 던진
돌멩이에 맞아 힘없이 나뒹그러지는
괴한의 목덜미
지그시 발로 누르고는

빼앗은 칼 눈앞에 들이대며
네놈이 아마도 죽고 싶어 환장換腸했구나,
죽을 곳과 설 자리 구분해야지
개죽음하고 싶어,
여기가 어디라고 들어왔단 말이냐

여기 서궁으로 보낸 사람이 있지

그게
누구냐

바른 이야기 하지 않는 한
살아나갈 생각은 아예 하지 말거라

어서 말하지 못할까, 소리와 함께
가슴 깊숙이 파고들려는
칼끝의 시린 감촉 느꼈음인지

겁에 질려 더듬는 소리로
아
예, 예, 예
저 저 저 하면서도
좀처럼 입 열려 하지 않는다

화가 치밀어 오른 이기축이
네 놈이 이래도 하며
바른 발로 걷어차인 사타구니 아픔에

지지러지는 비명悲鳴소리 지르다가
어때
한 번 더 차이고 싶은 거야, 하면서

들어 올리는 발길 바람에

예예 전 강원감사 백대형 입니다, 한다
회심會心의 미소가 이기축 입가에 떠오르며

틀림없으렷다, 는 다그침에
예, 틀림없는 백대형입니다 한다.

네 목 취하기 어렵지 않으나
그리 말라는 분부分付 있어
이번에는 그냥 놓아 보내니
다시는
이런 일 없도록 하라. 며

대비시해大妃弑害 일당의 음모 저지하였고
그 후에도
담 넘는 음모陰謀가 있을 때마다
박승종의 부름으로
서너 번이나
사전事前에 방지防止했던 일이 떠오르면서

지난날 회상回想에 젖는 듯 했으나

무언가에 화들짝 놀란 듯
자리 박차고 일어나
어디론가 쏜살같이 달려가고 있었다.

|제3부|

쥐구멍에 해 뜨는 날

우리가 살고 있는 宇宙의 萬物은 늘 변하면서 잠시도 한 모양으로 머무르지 않는 것이 무상無常이지만 누구나 즐거움이 있는 행복이 왔다하면 괴로움과 죽음 없는 현재 그대로인 恒常을 생각하기에 세상의 변화를 잊고 괴로움 피하려 해도 삶은 즐거움과 괴로움이 늘 같이 있어서 남는 것은 고통과 허무뿐이다. 말 많고 탈 많은 가운데에도 영원할 것 같았던 光海君에게도 막바지가 다가왔나 보다. 戊申年(1608년) 이월 초이튿날에 즉위하여 癸亥年(1623년) 삼월 열 사흗날이니 在位 십오 년의 길지 않은 세월이다

때가 이르렀나보다

1

'어려움에 처한 백성들이여
먹을거리 없는 흉년凶年에
구할 마음 있으나
나에게 힘이 없구나

백성들이여
추위에 덮을 것 없을 때면
저자들이 보살펴 줄 힘은 지녔어도
도와줄 마음이 없구나,

잠시나마 소인小人의 심성心性 돌려
선한 사람이 지닌 군자君子의 귀 되어
백성百姓 소리 들었다 해도
임금이 모르니
모두 삶의 터전 잃었다네,

백성 근심하는 조서가 왔다 해도
군郡, 현縣에 이르면 종이쪽지 되고
하루에 삼백 리 길 달려온들
기운 없는 백성은 문턱도 못 나서니
마음속 말을 할 수나 있을까

조정관리朝廷官吏가 온다 해도
관원官員은 귀 없고 백성은 힘없어
회양태수 금암汲黯 기용한다면
남은 백성 구할 수 있으련만,' 하고

생몰 연대 모르는 어무적魚無迹의 글 떠올리며
주위의 여러 가지를 생각하고

어려움에 처한 삶의 고달픔 되씹지만
하늘의 뜻 따라 때 이르면 찬바람 가시고
먹을거리에 새 꿈 주는 풀과 나무
시키지 않아도 새로운 움 틔워

꽃피워 열매 맺고
새들 지저귀고
움츠렸던 냇물 풀려
산과 들에 웃음 흩뿌려놓으니

모든 이의 가슴이 푸르러 지면서
소몰이 농부의 이랴 어저저 소리가
한 해의 풍년 부름이니
뉘 있어 자연自然의 법칙法則 거스를 것이며
어우러진 인간 사회에서도

자신 돌아보고 또 돌아다보며
스스로를 낮추는 참회懺悔에
부정否定보다 앞세우는 긍정肯定으로
적극적積極的이고 발전적發展的인 앞날
설계設計하고
이끌어가야만
현재의 즐거움이
오래도록 지속 되어

힘들고 어려웠던 일이 끝나는
환한 앞날이
기다리고 있음 알고는 있지만
그리 쉬운 일 아님을
모르는 사람 없듯이

고생 뒤의 낙이라는 고진감래苦盡甘來가
자연의 섭리攝理 쫒자는 뜻이니

긴 겨울 지나고
꽃피어
새순 돋는 봄이며
흐벅지게 열매 맺어 모두를
즐겁게 하는 여름에

색색의 먹거리 풍성豊盛하게 거두어
갈무리하는 가을이 오듯
새옹지마塞翁之馬의 세상만사가
돌고 도는 것이라서
흥진비래興盡悲來로 치닫는
광해 모습
예서제서 보이며 들리고 있었다.

2

겨울은 언제 갔으며
왔나 싶었던 봄은 막바지로 치닫고
오뉴월 염천이 가까이 다가온

戊午年(1618년)
오월 초순
어느 날
폐비 논하는 정청庭請에 불참不參한 죄로

귀양 온 이항복
따뜻한 북청北靑 햇볕 아래
잠시 잠간의 여유로운 꿈속이다

선조 임금이 용상에 앉아있고
곁에는 유성룡 김명원 이덕형이 있는데
선조가 이르기를

광해가 무도하여 친형제 해치고
제 어머니 가두고
대비의 칭호마저 폐하니
어찌 그냥 둘 수 있겠느냐고
노기怒氣 찬 음성으로 말하자

함께 있든 이덕형이 아뢰기를
이일은 이항복이 아니면

의논議論을 결정決定하지 못하니
속히 부르소서에 놀라 일어나니
새잎 돋아 꽃피는 시절이라

문안인사問安人事 차 들린 자제子弟들에게
내가 살아있을 날이

오래지 않을 것이다, 하더니
전 임금 선조가
이틀 후에 불러서 저승으로 가고

반정反正이 있던 날
김유와 이귀
두 사람 꿈에 나타나서는

종묘사직宗廟社稷 위한 거사擧事다
만에 하나라도 실수 없도록
주위 세심히 둘러보고
살피고 또 살펴

성공成功하라 단단히 이르면서
내가 지금 이다음의 한 가지 큰 일
그것을 걱정하고 있으니

이후에는 더 힘쓸지어다, 함을
당시야 무슨 말인가 했으나
뒷날의 호란胡亂 알고 있은 듯 했다

이이첨은 가을바람에 우는 계집상이고
늙은 여우가 묶여있는 허균許筠 모습에

많은 관원이 살기殺氣 띄우니
어찌 무사하리, 하고
중국사신中國使臣이 이야기했다는

癸亥年(1623년)의
정초

서궁의 대비 모시는 궁녀宮女 한 사람이

굳게 닫힌 대문에 기대어 서서
소리높이 외쳐 말하기를

금년
삼월
어느 날

반드시 이문이 열리면서
하늘과 해 다시 볼 수 있다고
미친 사람처럼 외쳤고
여기저기 민가民家에서는
전 강원감사 백대형 등이
섣달 그믐날 밤
서궁 살해殺害하려한 일 알고

개만도 못한 씨 부 난 놈의 쌔기들
제 놈들이 입에 달고 사는
충효忠孝는 무엇이고

인의예지신仁義禮智信 또한
어느 곳에 쓰이는 것이냐면서
저희들은 안 지키고
아비가 예로 맞이한 대비 폐했으니

그래, 계모繼母는 어머니 아니라고
어디에 쓰여 있다 더냐
천하의 불한당도 너희보다는 났다, 며

움켜쥔 주먹으로 흙 쥐어박고는
에끼 이 처 죽일 놈들
좋은 사람 데려가는 귀신鬼神은 있어도
저런 놈들 잡아가는 귀신 없나, 하고
퉤퉤 침 뱉는다

대비께서는 이미 돌아가셨다면서
모두가 분개憤慨의 눈물 흘리고
두 팔 걷어붙이고는

하늘의 뜻으로
백성들 마음이 이미 돌아섰으니
밝고 맑게 열릴 새 아침
어찌 멀리 있으리오. 하고는

아하, 슬픈 일이로다
신하로서 어찌
국모폐위國母廢位 논할 수 있으며
깊숙한 곳에 가두어두길
어언 10년

그 어른 생사生死조차 알 수 없으니
서리를 밟으면
굳은 얼음층이 다가온다는
옛말 믿을 뿐이니
천도天道가 무심無心치 않을 거라 했다.

쥐구멍에 해 뜨는 날

1

선조가 죽고 광해군이 즉위卽位한 후부터다
크고 작은 옥사獄事 때마다
사람들 입술에 오르내렸다하면
영문 모르고 나졸邏卒에게 끌려와

주리틀리고 치도곤 당하기 일쑤라서
없는 돈이라도 들여
끌려가지 않으려는 몸부림으로
쥐도 알고 새가 알게끔 공공연히

뇌물 거래 못한 사람만 벼슬이 없어지니
몰염치한 아첨에 끝이 없어

식성에 맞는 김치 담그고
온갖 양념으로 곱게 버무림 한 잡채

임금님 밥상에 올려
화禍 면하고 벼슬길에 오르니

이른바 잡채판서雜菜判書에
김치정승沈菜政丞이
어지러운 세상에 태어나면서

시중에는 벼슬 거간꾼이 나타나
병사 수사 목사 부사에

군수와 현감
진鎭이나 보堡의 수장에 이르기까지

거간꾼 생겨나면서 대준 뒷돈
곱빼기로 받아가는 것 보면서

김개시 등 궁녀와 후궁後宮을
조정에서 엄히 단속團束하지 않아
오가는 뇌물賂物에 끝이 없다는
수군거림 보고 들은

명나라 장수 조도사趙都司는

향기 나는 맑은 술은 일천 사람의 피요
좋은 술안주는 만백성의 기름일세

촛불의 눈물 떨어질 때마다
사람 눈물 떨어지고
노랫소리 드높은 곳에
원망怨望 소리 높다, 고 읊었으나
오가는 이 없고 찾는 사람 없어

바깥사람 출입出入 없어 혼자 있는
외롭고 쓸쓸함으로
괴로운 나날 보내는 것이
서궁西宮의 오늘이었다

오뉴월에 서리 내린다는
여인의 함원含怨으로
또 한 번
으드득 가는 이에
피 섞인 침 담장 아래 뱉으며

이 노 옴
내 결코 이대로 죽지 않으리라
망하는 네놈 마지막 몰골

내 두 눈으로
똑똑히 확인確認하고서야
영창 곁으로 가리라 하니
흐느끼듯 몇 번이나

촛불이 으으으 울음하고는
굵고 뜨거운 눈물 촛대에 쏟는데
살고 있는 집터에 왕기王氣 서렸다는
허언풍문虛言風聞에

선조 손자
능창군 전佺이 역모에 휘말려
나무 기둥에 목매니
나이는 열일곱 살
제 앞가림이 어려운 어린 나이니

광해군 7년
乙卯年(1615년)
동짓달 때 일이다

옮긴 나무 지탱하는 곧은 뿌리며
굳건히 흙 거머쥐고
큰 이웃 지분거림에도 끄떡없이

먹을거리 뽑아 올려 나무 키우는
잔뿌리
제대로 내리지 못해
튼실치 못한 잎사귀인데

태풍에 비바람 지나칠 때마다
의지할 지주목支柱木
이런저런 이유理由로 부러트리고
핑계, 핑계로 걷어가면서
홀로 있기 서러운 서궁

까짓 계모繼母자리 박탈剝奪당한 거야
어린 자식 가슴에 묻은
어미의 아픔보다
더 크다고 할 수야 없다 싶어
서궁의 유폐幽閉 담담히 받아들인
대비大妃다

2

폐비하여야 한다는 극성極性만큼이나
눈이 유난히 많이 내린
한 해가 뒤안길로 물러나고
戊午年(1618년)의

정월

담배 고구마 고추가
일본에서 들어왔거나 말거나
연년年年의 일식日蝕이 있을 때마다
하늘땅이 딱 붙어라 해도

삼켰다가 뱉은 해
또다시 삼킨 오랑캐가
뜨거움 이기지 못하고 뱉어내어

천지가 환해지거나 말거나
풍신수길의 뒤 이은 덕천가강德川家康
죽거나 말거나

제 놈의 동생 영창대군이며
형 임해군 조카 능창군
광해가 죽이든 살리든

임진란 때
명나라에 군사지원 요청要請하면서도
없었던 뇌물賂物

외국인들에 건네는 선례先例 세우며
은덩이며 산삼
뭉텅뭉텅 사신에게 안겨
탐내는 임금 자리 사건 말건

상감上監 등에 업고 날뛰는
김개시介屎
임금과 술잔 나누어 마시며
원님 자리 하나에
몇 천 냥 받고 팔아먹건 말건

아무리 세상이 막바지로 치달아도
아비가 예로 맞이한 어미
폐모廢母하는

천하에 두 번도 있을 수 없는
꼴같잖은 짓거리
더는 아는 채 할 일 없다 하면서도
사람 하는 일에 대하여

하늘에 법이 있음, 알려 줄 거라는
가늣한 바람을 시래기로 엮어
처마 아래 바람벽이며

시렁가래에
내년 봄 꿈으로 매어다는 것이
착한 우리네 백성들 심성心性이었다,

눈 앞에 펼쳐진 이 뙈기 저 둔덕
논밭마다 희망으로 뿌릴 씨앗

키에 까불려 쭉정이 날리고
이물질異物質 걸러내며
여문 종자種子 갈무리한 뒤에

앞마당 짚 둥주리에 저장하면서
지게 발채에 거름 얹어 나르고
쟁기 꺼내어 닦고 조이며
보습에 슬은 녹 벗겨
가을 보리밭이랑 만든 후에

삽과 괭이 손질하여 다듬어도
몇 년 전의 임진란壬辰亂 상처傷處
덧나고 깊어 지니
산과 들은 윤기潤氣 걷혀져가고
뿜는 한숨이 하늘 검게 덮고 있었다.

3

화무십일홍에 권불십년이라고
꽃피어 열흘 넘기기 어렵고
권력 또한 잡았다 해도

손가락 사이의 물과 같아서
어떻게 언제 빠져나갈지 알 수 없는 것임을
이미 알고 있다면서

작년에 찾고 다시 찾아온 사연事緣
피멍울로 쏟는 뻐꾹새 소리
뻐꾹
뻐꾹, 뻑 뻐꾹 하고
이산 저산 울려 깨우는 때 되면

잠 못 이루는 발길들이
소리 찾아 이 고샅 저 고샅
서성이는 날들이 이어져 가는데

노적露積이듯 쌓이는 폐단弊端 혁파革罷하고

새 꿈에 새 희망 탐스레 키워
모두가 잘살아보자는

뜻있는 사람들
반정모의가 누설漏泄되어 거사 날이 앞당겨진

癸亥年(1623년)
삼월
열이튿날

휘영청 떠오른 달이 흩뿌리는 시린 빛
풀과 나무 연초록 잎사귀에
사뿐히 내려앉아
봄이 절정으로 치닫는 밤
솔잎으로 가슴 찌르는 듯한

뻐꾹새 소리를 누군가가 통째로
삼켜 버린 듯이 조용한
서대문 밖 의주로義州路 홍제원弘濟院이다

이십 명 군관軍官과 도착한 이괄이
이리저리 살펴보아도
사람 보이지 않아
서북쪽 산 아래
불빛 가까이 다가가니

반정거사反正擧事의 동지同志인 이귀 김자점이
뜻 같이하는
삼백여 명 군사와 함께 있었으며

김유는 심기원 원두표와
모화관에 이르니
정렬한 이백여 명 무사

얼굴에 검은 그림자 드리워져 있음이
누군가의 거사계획擧事計劃 고변告變으로
도감중군都監中軍 이확이
성안 군사 수백 명 인솔引率하여

창의문으로 향했다는 소식에
반정군 사기가 내리 곤두박질쳐
모두 흩어지려 할 때다

장단 병력 칠백 명 이끌고
때맞추어 도착한 선봉장先鋒將
이기축이 분위기雰圍氣 살피고는
산천山川이 떠나갈 듯
크고 힘 있는 우렁우렁한 소리로

곪고 썩은 상처傷處 도려내려 참여하신
여러분, 안녕하십니까,
이렇게 뵙게 되어 반갑습니다,

오늘의 현실現實을 볼 때
잘못되어 가는 것은 쌓여져 가는데
임금 광해는
둘째가라면 서러워할 폐륜 저지르고

임진왜란 때의 명나라 은혜恩惠
헌신짝이듯 버리고 팽개치면서
요사하고 간사奸詐한
이이첨 정인홍 유희분이며
김개시를 비롯한 궁인 등과 더불어

과거科擧 제도 문란紊亂케 하고
높고 낮은 관직官職 사고팔아
올곧고 충성스런 신하를 죽이거나
먼 곳으로 귀양 보내고는
다시는 등용치 않아

나랏일이 점점 어지러워지고 있음을
모르는 사람이 없는 지금

한마음 한뜻으로
떨쳐 일어나서 못된 자 응징하여
후세後世의 귀감龜鑑 되도록
옳지 못한 일 바로잡자며

우리가 오늘 여기에 모인 것 아니겠습니까,
한 사람의 이탈離脫이나 낙오자落伍者 없이

지혜知慧와 용기勇氣 모으고
힘과 힘을 합쳐
올바른 세상 이루고저

처자식의 가정家庭까지 버리면서
지금 여기 이 자리에
모두가 하나같이 서 있게 된 것입니다,

그럼에도 한낱 뜬소문에
옳음의 기치 높이 들어 불의와 맞서기 전에
흩어져서야 되겠습니까, 하는 외침에
진달래꽃잎이 붉게 피어나면서

사람들의 고른 숨소리와
주위 엄숙하게 한 긴장된 두 눈초리가

하늘의 개밥바라기로 맑고 밝게 반짝이며
능양군이 겉옷 벗어
선봉장 이기축에게 입혀주니

비로소 모든 얼굴에 화기和氣가 돌며
새로이 진작振作된 사기士氣는
하늘 찌를 듯한 함성喊聲으로 휘몰아쳐 간다,

김유가 군사 점검하고
옳을 "義"자 하나
각자의 등 뒤에 달고 출발하니

김자점 심기원 신경유 등이 어느 사이
능양군 호위護衛하여
자연스럽게 지휘부가 이루어지고

진군의 북소리 울리며
가로막는 창의문彰義門 수문장 목 베고

기다리고 있던 훈련대장 이흥립의 도움으로
굳게 닫혀 있는 돈화문
도끼로 찍어 열며

파자전 다리에 있는 중군中軍 이곽과
서로 싸우지 않았으니
서로가 내응內應키로 하였기 때문이었다

이괄 이귀 등의 등등한 기세가
금호문金虎門에 이르니
재빠르게 흐름 알아차린
수문장守門將 박효립이
문밖에 나와 말없이 맞았으며

무더기로 쌓아놓은 장작더미에 불붙여
어둠 사르고 새 세상에 이르는 길
환히 비추느라
치솟아 오르는 모닥불의 함성喊聲

어두운 밤을 대낮같이 밝히고
반정군이 궁궐에 이르기 얼마 전에야
낌새 알아챈

이이분이 제 숙부叔父 이유성
이유성은 김신국
김신국의 말 전해들은

전 영의정 신 밀양 부원군 박승종
화급火急한 일 주상主上께 아룁니다
오늘의 종묘사직을 마땅찮게 여기는

전 강계부사 자선대부 김류
평산부사 이귀
함경도 병마절도사 이괄
장단 부사 겸 경기방어사 이서
전 병조 좌랑 김자점 최명길 등이
훈련대장 이홍립의 내응으로

오늘 밤 범궐犯闕한다 하오니
신속迅速히 대처對處하셔야 하겠습니다, 하니
도적맞으려면 개도 아니 짖고

스스로 뽐내고 으스댐이 화 부른다고
영창대군 증살蒸殺하고
폐비 반대의 조정 중신들 귀양 보내고
서궁이 홀로인데
무슨 고양이 풀 씹는 소리냐는 듯

허 참, 아무런 물증物證이 없지 않습니까
어찌 무고無故한 사람 물고物故내리오

지극히 백성 위하는 성군聖君다운 소리다

내 알아서 할 것이니 그만 물러가시오
하는 어명御命을 소반小盤 위의 술안주 삼아
고부라진 혀에
제대로 몸 가누지 못하는

김상궁과 주고받는 술잔 기울이다가
지당하신 분부십니다,
상감마마, 하는
코맹맹이의 김상궁 소리가 끝나기 전이다

하늘이 뚫린 듯 거칠게 밀려오는 함성喊聲이며
내닫는 높고 낮은 발걸음 소리가
술잔 속 회오리바람으로 일렁이니

훨훨 타오르는 불길 피해
후원後苑 숲속 높다랗게 이어가는
궁성의 담
엎드린 내시內侍의 등 딛고 넘는 광해군이다.

다순 바람 불어오고

1

말에서 내려 민가民家 찾아가니
아낙이 문간에서 맞으며
띠 풀로 가린 처마 아래 앉으라 하고
밥상 내어오므로
남편은 어디 갔느냐고 묻는 말에

이른 아침에 소 몰고 산에 올라
산 밭 일구느라
저물도록 돌아오지 않는다 한다,
사방四方 휘휘 둘러보아도 이웃 없고

닭과 개만 산기슭 오르내리고 있으니
숲속에 호랑이는 많고
뜯은 나물은 얼마 되지 않는구나,
슬프도다. 이들을 어찌하면 좋을까

험한 산골에서 사니
들녘이 좋아 보이기야 하겠지만
벼슬아치가 두려워 못 간다고 하네, 라고

호랑이보다 더 무서운 관리官吏 피하여
친척이나 이웃 없는 산속에서 살고 있는
당시의 농민들
고달픔에 찌든 삶
시詩가 잘 말하여 주고 있지만

사람으로 태어나 한 세상 살다가
문득 지나온 길 더듬으면
오가는 곳이 어디인 줄 모르니

많던 날의 자취마저 흔적痕迹 없고
어제오늘이 그제 같은
속 깊은 회한悔恨이 가슴 밑에서 밀려오며
인생무상人生無常 되씹어 보지만

지아비 여위고
어린 자식 가슴에 묻고
친정아버지며 동기간同氣間 모두 잃고

어머니마저 관비官婢로 끌려가고
그도 부족하여
호칭呼稱마저 빼앗기고
한낱 후궁後宮 대우待遇받으며
오랜 유폐幽閉 생활에 지쳤음 직 하지만

광해군
이놈
네놈에게도

끝나는 날이 있을 거라는
가냘픈 끈 놓치지 않고
하루하루 어렵사리 이어가는
서궁에도 여명黎明의 빛이 스며드나 보다

쥐구멍에도 해 뜰 날 있다더니
어둠 걷히고 먼동 트여
환히 밝아 다순 기운 감도는

癸亥年(1623년)의
삼월
열사흗날

영창대군이듯 자라는 모습 지켜보겠다며
심고 거름 주어 가꾸어서
년 전부터 긴 겨울밤 밤참거리로
홍시紅柹 선물膳物하던 울안 감나무
금년今年에도 그리하려나

두 팔 활짝 편 나뭇가지
까치 소리는 여느 날과 다를 바 없지만

돌보는 이 없어 여기저기 솟아오른
넓은 뜰의 잡초며 오물汚物
이끼에 헐어져 내린 담장이다

대비 시해弑害하려 넘나든 자객刺客이 떨어뜨린
깨진 기왓장
지나치는 발부리에 차이며
그날 일 웅알거리고

삐걱 이는 영창문映窓門 여닫는 소리에
오가는 사람 보고 놀라면서
어깨 움츠렸던 궁녀宮女
다급해하던 모습 떠올렸는지
내려앉든 제비가 허공虛空 박차오르고

주인主人의 지난날만큼이나

밟히고 짓이겨진 모양에
기움질한 여기저기의 헝겊마저
찢기고 나풀거리도록
구겨지고 헤진
섬돌 위의 당혜唐鞋며 운혜雲鞋가
지난날이듯 소리 없이 가지런하다,

찬란한 아침 햇살이
다시는 떠오르지 않을 것 같아
어느 누구 하나 기웃거리는 이 없어
드리워져 있던 길고도 긴 그늘이며

맑고 밝은 하늘
첩첩疊疊하게 가리던 먹구름 가시고
여닫기가 힘겨운 대문大門으로
쏟아져 들어오는 봄기운 뒤로는
원산지가 탐라도 한라산인 왕벚나무 꽃

연보랏빛 웃음이 드느라
두 쪽 큰 문이 활짝 열리면서
병사들이 사위四圍를 경계警戒하고

색깔과 모양이 가지각색인 금관조복金冠朝服
조정 대신들이 하나둘 들어서며
손 맞잡은 궁녀가 머리 조아리고 있다

2

반정군反正軍이 대궐접수大闕接受하고 수습收拾하니
지난 여느 날과 다름없이
먼동이 밝아오는

癸亥年(1623년)
삼월 열사흗날이다

그제야 겨우 정신수습精神收拾하고
전후사정前後事情 헤아려보던 능양군은

트이지 않은 새벽에 개의치 않고
김자점을 보내어 전후 사정을
서궁에 아뢰도록 하였다

대비마마
신 전 병조좌랑 김자점
이제야 문후 여쭘 용서하여 주십시오

이렇듯 이른 아침에 찾아뵙는 것은
다름 아니옵고
전 강계 부사 자선대부 김유
평산부사 이귀
함경도 병마절도사 이괄 등
뜻있는 조정신료朝廷臣僚들이
서로가 서로의 몸과 마음 합하여

대비마마 폐하고
형과 아우며

수많은 신료臣僚들을 상하거나 죽게 하고
멀리 유배流配 보내며
관직官職에서 쫓아내어
돌보기 소홀疏忽히 함으로서
도탄塗炭에 빠진 백성 구하고자

능양군綾陽君 종倧을 받들고
의거했습니다만
역적逆賊 무리들 처리하느라

이제야 겨우 수습하고
이렇듯 대비마마 모시러 왔으니

신과 가심이 어떠하실지요, 했으나

춘풍추우 지나기 십 년 내내
어느 누구 하나
안부安否 묻는 이가 없었는데
아닌 밤중에 홍두깨 격이라는 말씨가

새삼 생각 키워지며 무슨 소리냐는 듯
공주公主는 죽어 담장 아래에 묻혔다, 는
여인본능女人本能의 모성애母性愛가
대신 말하고 있음 듣고는
말없이 돌아와
능양군에게 아뢰니
이귀가 달려와
궐문 밖에서 대성통곡大聲痛哭한 후에야
그간 과정過程 아뢰고는
모시어갈 것 청하였더니
대비가 크게 노하여

이일 일의 킨 자가 누구이기에
날 데려가겠다는 것이냐
의아疑訝와 공포恐怖에 맞서느라 노성怒聲 띤
여인특유女人特有의 거친 음성에

승지承旨 홍서봉이 문안 인사 여쭈니

승지는 누구의 명命으로 왔느냐
그렇다면 이 일
일으킨 자
스스로 임금이 되었다는 것인데
그랬으면 만족해야지
날 부르는 이유가
도대체 무엇이냐, 는 소리가

장지문 뚫고 나온 거센 물결 되어
차고 넘쳐 처마 치고
모든 것 휩쓸어 가려는 듯
하늘에 다다른 분노가
벌건 불기로 치솟을 무렵이다

내 자초지종自初至終은 모르나 일러둘 말은
광해군 부자父子와

간신 이이첨의 부자
그 외의 여러 흉한 자들
머리 잘라 장대에 달아맨 후에야
문밖으로 나가겠다고

말한 이후로는 아무런 응답應答이 없었다

능양군이 또 이정귀李廷龜 보내니
도대체 능양이 누구이기에
어린 자식마저 잃고

십 년 넘게 유폐되어 있는
나를
오라 가라 한단 말이냐 하고는

대궐大闕에 편이 앉아서 하면 될일이지
안 될 일이 무엇이기에
청하는가 하는
대비분판大妃粉板에 난감해 하는

능양군 옆 이기축이
제가 대비마마 한 번 뵙겠으니
허락해 달라 하므로

의아하게 생각했으나
당당한 몸가짐과 평소의 믿음이 있어,
그리하라 승낙承諾하니

한 걸음으로 서궁에 다다라

대비마마
소신 이기축
대비마마께 문후問候 올립니다,

이기축, 이기축이라 하면 - - -

그렇습니다, 대비마마
태종의 둘째 아들 효령대군의 8대손으로
지지난해의 섣달 그믐날 밤
마마 시해하려는 놈 쫓고
그 후에도 서너 번
범궐犯闕하려던 자 내몰았던
이기축 입니다,

아 그렇소, 그렇지 않아도
내 고맙다 인사하고 싶었는데
오늘 이렇게 보다니 정말 반갑구려,

그렇다면 어젯밤 화살 쪽지에
오늘 일 써서 보낸 것도
공公이 했단 말이오,

황공하옵니다. 대비마마
오늘일 알려드릴 방법이 없고
소신小臣 또한 글재주 없어
봄이 오니 봄은 봄입니다, 하는 뜻으로

춘래여사춘春來如似春을
무엄하게 화살에 쏘아 보낸 무례無禮
벌罰하여 주소서
그 무슨 말이요 그렇게 해주셨으니
내가 감사感謝하다고 하여야지
그런데 이 자리에는 어찌 된 일이요

예, 이번 의거義擧에 참여參與하신 분들이
아는 것 없는 소신 어여삐 여기시고
중책 중의 중책重責인
반정군反正軍 선봉장先捧將을 맡기시어
이렇듯 오게 되었습니다

모든 잘못은 소신小臣에게 있으니
소신을 꾸지람하여 주시고
나라 걱정으로 의거에 참여參與하신
모두의 뜻 헤아려 주시기 바랍니다.
대비마마

3

대비마마
종친 능양군께서 뵙기를 청합니다, 하고
중천中天 지나는 햇살 아래
오랜만의 밝은 소리에
솟구쳐 오르는 만감萬感 억누르며

지그시 감았던 눈 조용히 뜨고
마루 위 보료에 앉는
심정心情이 착잡錯雜 하리나 했으나
왕실 최고의 위치位置에 있는
대비로서의 위엄威嚴 잃지 않았다

대비마마 그간의 고초苦楚 얼마나 크셨습니까
소손小孫 신 능양군 종倧
늦게나마 엎드려 문후問候드림을

헤아려 살펴주십시오
대비마마,

왕실최고王室最高의 신분身分이 거처居處하는 집이며
가재도구家財道具 등 행색行色에
울먹이는 소리다

내 능양의 뜻은 잘 전해 들었소
장하오,
사필귀정事必歸正이라는 옛말같이
늦은 감이 있기는하나
관리들에게 시달리는 만백성萬百姓

어여삐 여기고 보살펴서
웃음 머금은 태평성대 이루어
열성조列聖朝와 종묘사직宗廟社稷에
부끄러움이 없도록 하시오
주렴 저쪽 여인 소리는

13대 명종이후 실로 오랜만에 듣는
이 나라 조선의
살아있는
대왕대비大王大妃의 목소리다

황공합니다,
대왕대비마마
명심 또 명심銘心하겠습니다

옆자리 그 사람은 누구요

구겨진 두루마기에
개가죽의 하얀 남바위며
힘이 없어 보여서 그러는지
격에 맞지 않는 신발 걸쳤으나

어디서 본 듯한 인물이다
능양군 옆자리에서

불편한 듯 무릎 꿇고 엎드린 사내
눈으로 가리키며 하는 말이다

소자小子
광해군 혼琿
대비마마께 문후問候 여쭙니다

여기는 제 손으로 대비 유폐한
경복궁내
경운궁이다
어쭙잖은 소리가
고인 기름에 불씨 당겼다

확 하고 번지는 검붉은 불길이
삽시간에 궁궐宮闕 에워싼다,

순간
번쩍 우르릉 꽝 하는
천둥 번개의 울림이 공간空間에 낭자하여

울안 잡초雜草의 낮잠 깨우는 소리가
적막寂寞 찢어 흔든다

없는 바람에도 사시나무 떨듯 부르르
온몸 떨기 시작하는 대비
벌겋다 못해
파랗게 질려 덜덜 떠는 입술
몇 번인가 달싹이다가

무어라 광해라고
네, 이 노 옴
여기가 어디라고
그 더럽고 추잡醜雜한 발길
들여놓는단 말이냐

사람 이하의 대접待接 받기 십 년 동안
가슴에 맺히고 맺힌 한恨이
벌겋고 벌겋게 치솟아 올라

쌓인 한恨을 사르라는 오늘이 있으라고
눈물과
한숨
울음 참고
견디며 살아온 기막힌 인생
온몸 싸고도는 질곡桎梏의 표출이다

독하고 독한 네놈의 입김에
채어져서 넘어지고
고꾸라지고
엎어지고
깨지고

들을 소리에
들어서는 아니 될 소리까지 들어가며
찢기고 바스러진 내 모습
애가 타다 못해
스스로 자진自盡한 주검이겠지 하고

염려한 몰골
기쁜 마음으로 기대하고 왔겠지만

이렇듯 아무렇지도 않으니

어쩔거나
정말 미안하고 또 미안하구나

여봐라, 뭣들 하고 있느냐
제 아버지 죽게 하고
형 죽이고
동생마저 증살蒸殺하고

조정중신朝廷重臣을 수없이 살상殺傷하고
그도 부족하여
제 아버지가 손수 맞이한
어미를 폐한 놈이다

지나가는 춘풍추우에 절치부심했던

흐느낌의 곡성哭聲
그 위에 소리 없이 쓰러져 보듬어 안는
맑디맑게 깨진 햇살이
산산조각의 그릇에 얹히더니

한을 눈부시게 쏘아 올리듯
뾰쪽한 끝의 하얀 날이
시리게 서 있는 사이로

들린다,
점점 크게 들린다
때 아닌
느티나무 매미소리가 시원하다

작은 연못의 물가에
온갖 꽃이 웃음으로 피어나고
벌과 나비의 날갯짓이 고운 곳에
방아깨비와 더불어 놀이 즐기는

꿈에서마저 잊지 못하고 그리워하던
아들 영창대군이다

벗겨지는 신발
발길에 채인 치마말기
으드득 찢겨 나가는 줄도 모르고

아가야
영창아
우리 아기 영창아

어머니가 애타게 부르며
달려오고 있음을 모르고 있는 듯

재미난 소꿉놀이에

재롱부리던 품 안의 때 모습으로
방실방실 웃으며 노닐고 있다
길 가운데 돌부리에 채였다

헝클어진 머리칼 사이로 이마 찢어지고
열린 위아래 입술에서 흘러내리는
붉다 못해 검게 변한 붉은 피가
살결 하얀 목덜미 거쳐

저고리 동정 깃 지나고
앞가슴 적실 때
들리는 뻐꾸기 애절哀切한 울음에
햇살 되쏘아 올리는 빛이 더욱 붉은데

너희들 지금 무엇 하느냐
대비마마
대비마마의 입에서 흐르는
피, 피
어서 닦아드리지 않고

제조상궁提調尙宮의 다급한 목소리 들리고

주위의 부산한 움직임에
정신 돌아온 듯 눈 뜬 대비 김 씨는

콧잔등 타고 흐르는 땀방울에
퍼뜩 정신 들고
잠시 흐트러졌던 마음
곧추세우고는 노한 질책叱責 쏟아낸다

네 이놈
네가 지은 죄 네가 알렸다
어디 한 번 말해보아라 하는 소리

마른하늘에 청천벽력靑天霹靂 이라더니
피 섞인 침 속에서
울컥울컥 터져 나오는
한 맺힌 울부짖음의 우렛소리
단 아래에서 듣게 되었으니

광해도 어찌할 수 없음 느꼈는지
눈 지그시 감고
이마의 땀방울 손으로 훔치다가

밤사이에 세상이 변하여 당하는 일

당당堂堂한 자세姿勢로 임하자고
마음 고쳐먹었는지
엎드려있던 허리 펴고는

그럼, 소자가 저지른 여러 가지 죄목罪目
하나하나
말씀 올리겠습니다.

아버님이 친영례親迎禮로 맞이한
대비마마를 어머니로 생각지 않고
어보御寶에 칭호 회수하고
문안인사問安人事 폐지廢止하고
누구의 출입出入도 허락지 않았으며

후궁으로 반열班列 낮추어
외진 이곳 서궁에
십 년 넘도록 홀로 계시게 했으니

자식子息이나 신자臣子의 도리道理가 아닌
불충불효不忠不孝한 것이 첫 번째 죄이옵고

병환 중에 계신 아버님께
상궁으로 하여금

약밥 드리도록 하여
기도氣道 막혀

저세상으로 가시게 했으니
자식으로서는 할 짓 아닌
그 죄 두 번째 이옵고

하나 뿐인 용상龍床이 탐나서
동복형同腹兄 임해군 죽이고
죄 없는 영창대군 마저
뜨거운 온돌방에서 죽게 하여
형제간에 우애友愛 없음이 세 번째이옵고
대비마마의 친정아버지 부원군과

오빠 동생을 역적이라 죽였으니
그 죄가 네 번째요

작은 일 크게 하는 옥사獄事 일으켜
학식과 양식良識이 있어 올바르고
충직忠直한 여러 조정 대신과
선량하고 무고한 백성百姓 살상殺傷하였으니
그 죄가 다섯 번째요

대비마마를 낳고 키워주신 친정어머니
부대부인 노 씨를
멀리 바다 건너 탐라도
관아의 관비官婢로 보냈으니
그 죄가 여섯 번째요, 하다가

목소리가 점점 낮아지는가 했으나
밭은기침 두어 번에
다시금 목청 가다듬고는

죄 없는 서궁의 상궁尙宮과 궁녀宮女
무참無慘히 살해殺害하고

대비마마 보살펴드릴
궁인마저 주위에 없도록 하여
외롭고 쓸쓸히 지내시게 했으니
그 죄가 일곱 번째요, 에 이르러서는

더는 잇지 못하고 쓰러져 통곡痛哭하는 모습
물끄러미 내려다보던
대비
기막힌다는 표정表情 짓고는
치미는 분노가 사그라지지 않았는지

네 놈도
마음 아프고
쓰린 것 알아야 한다

인간으로서 누구나 기본적으로 지녀야 할

도덕에 윤리강상倫理綱常 잊고
멋대로 살아온 저놈

못된 저놈 끌어내어
종각 네거리에 꿇어 앉혀
열성조列聖朝와 만백성 앞에
그 죄상罪狀 낱낱이 고하게 하고는

능지처참의 형으로 다스려
삼강三剛과 오륜五倫
문란紊亂케한 허물
후세後世에 경고警告토록 하라

전국옥새傳國玉璽 가져오너라
내 못된 놈들
응징한 후에야 후사後嗣 정하련다.

— 붓을 씻다

| 평 설 |

우리의 치열한 성찰을 요구하고 있는 조선왕조 역사의 한 단면

호병탁(시인·문학평론가)

■ 평설

우리의 치열한 성찰을 요구하고 있는 조선왕조 역사의 한 단면

호병탁 (시인 · 문학평론가)

1

안평옥의 대서사시 『인목대비』의 두툼한 원고를 받았을 때 나는 무엇보다도 우선 숙연한 느낌이 드는 것을 어찌할 수 없었다. 이번 장편 서사시는 『화냥년』, 『제국의 최후』, 『불벼락 치다』에 이어 벌써 네 번째인데, 그가 그동안 이러한 역사적 서사의 치밀한 문학적 서술을 위해 얼마나 오랜 시간 자신의 영혼과 땀을 바쳤을까 하는 생각이 엄습한 까닭에서였다.

안평옥은 1993년 등단한 이래 앞에 언급한 서사시뿐 아니라 서정시집 『흔들리는 밤』, 『내가 사랑하는 당신에게』, 『그리움이 뜨거운 날에』, 『새벽인력시장』 등을 상재하며 지역 문단을 이끌고 문학발전에 기여하였다. 특히 그의 장편서사시는 신동엽의 『금강』 이후 끊어진 한국 서사시의 맥을 잇는 문학사적 의의가 큰 작품으로 평가된다.

따라서 이번 『인목대비』의 상재를 보며 그 방대한 역사적 인물과 사건의 서술을 위해 바쳤을 부단한 열정과 수고에 대해 우선 경하와 상찬의 예를 표하자 한다.

2

서사시는 서정시, 극시와 함께 시의 3대 종류의 하나로 일반적으로 신화, 전설, 국가, 민족, 역사 또는 인류의 운명 등을 시의 운문형식으로 서술한 문학이다.

여기에서 우리는 자칫 서사시에 대한 오해를 가질 수 있다. 즉 구전으로 전승되는 신화나 전설에는 뛰어난 영웅이 등장하고 초자연적 존재가 개입되기 때문에 서사시는 장중한 문체로 이들의 위업이나 기적을 찬양하는 것이 이야기의 중심된다는 오해다. 어찌 보면 옳은 말이기도 하다. 호머의 『일리아스』, 『오디세이』는 기억에 의하여 구전되던 설화가 영웅이야기로 형성되어 문자로 정착된 것이 아닌가.

그러나 시인이 의도적으로 창작한 문학적 서사시도 얼마든지 있을 수 있다. 일차적 서사시를 기반으로 삼아 이차적 서사시로 창작할 수도 있다. 설화나 역사적 사건을 소재로 하는 경우에도 시인의 '예술적 의식'으로 새로 창작될 수도 있다. 베르길리우스의 『아에네이스』나 밀턴의 『실락원』이 그런 예라고 할 수 있다.

안평옥의 서사시는 후자에 해당한다. 그의 작품은 민족의 공동이야기, 즉 역사를 문학형식으로 고치고 다듬어 문학적 예술작품으로 발전시킨 것이라 할 수 있다. 즉 그는 '객관적 역사적 사실'을 내용으로 '이야기' 형식의 장시를 창작한 것이다. 당연히 그의 서사시에는 초인적 영웅이 등장하지도 않고 초자연적 존재가 개입하지도 않는다.

시인의 서사적 사건에는 발생되었던 정확한 연대가 나타난다. 날짜까지도 명시되고 있다. 등장인물도 과거의 무시간적 존재가 아니라 역사적 시간 속에서 변모해가는 인간의 모습을 보여준다. 장소도 구체적으로 언급된다. 따라서 작중인물이 뿌리박고 있는 공간은 역사적 차원의 공간이 되는 것이고, 이런 역사성의 획득은 당대 사회현실의 묘사가 보다 확실한 기반과 구체성을 얻게 되었음을 의미한다. 이는 바로 안평옥 서사시의 가장 큰 특징의 하나라고 강조하지 않을 수 없다.

3

『인목대비』는 3개의 '부'로 구성되어 있다. 이는 다시 소제목을 사용하는 8개의 '장'으로 나눠지고 각 '장'은 또한 일련번호가 매겨진 많은 '절'로 세분된다.

대서사시는 "甲寅年(1614년)/ 이월 스무하룻날", "대궐 깊숙이 자리한/ 대비전大妃殿"에서 "김 상궁尙宮"이 "대비 앞에 서서 두 손" 맞잡고 서있는 모습을 묘사하며 문을 연다. 보는 것처럼 안평옥 서사시의 큰 특징이라 할 수 있는 사건 발생의 정확한 시간과 공간은 물론 등장인물도 구체적으로 적시되고 있음을 알 수 있다.

그런데 상궁의 표정은 "여느 때와는 확연히 다른 모습이다" 주저주저하며 "말 더듬는 반벙어리 마냥/ 아…/ 아…/ 아기씨께서…"

말을 잇지 못하고 있다. 대비는 "울컥/ 답답증이" 일었는지 "그래 아기씨가 어쨌다는 거야" 반문한다. 상궁은 "그만…"이라는 말과 함께 허리를 꺾고 방바닥에 무너진다. 상궁의 이마에는 "송골송골 땀방울" 맺히고, 눈에는 "눈물이 흠뻑" 고인다. 상궁은 이어 "어젯밤에 그만…"이라는 말과 함께 "어찌 더 이상 여쭈겠냐는 듯/ 쓰러졌다 일어나며/ 무릎 꿇고/ 두 손 마주 잡는다"

1부의 제목이 '한 많은 여인', 첫째 장의 제목이 '스러지는 아기별'이다. 눈썰미 있는 독자라면 제목 자체에서, 그리고 상궁의 머뭇거리는 말씨에서 벌써 무슨 일이 벌어지고 있는지 눈치 챘을 것이다. '한 많은 여인'은 주인공 '인목대비'가 될 것이고, '스러지는 아기별'은 애달프게 죽어야 하는 '영창대군'이 될 것이다. 바로 눈앞에 보이는 듯 생생한 위 장면묘사는 상궁이 대군의 죽음을 어머니인 대비에게 고하는 대목이다.

'장면묘사scene'는 되도록 자세하게 사건 진행의 모든 것을 서술하는 것을 말한다. 따라서 대화와 행동묘사가 필연적으로 그 내용을 이루게 된다. 또한 장면묘사는 서사 내의 시간을 흐르게 한다. 풍경을 아무리 장황하게 묘사해도 시간은 흐르지 않는다. 작가는 거의 희곡에 가까운 이런 표현으로 사건진행을 자세하고 생생하게 묘사하여 독자의 흥미를 자극하고 있는 것이다. 상궁은 지금까지 "아…", "아…", "아기씨께서", "그만…", "어젯밤에 그만…"이라고 다섯 마디의 발화를 하고 있다. 그러나 작정이라고 한 것처럼 한 마디도 말도 이어가지 못하고 있다. 그러나 이 토막 난 말들은 결국 '어젯밤에 영창이 그만 변을 당하고 말았다'는 내용이다. 위기의 격정적 순간이 생동감 있게 서술되고 있는 장면묘사라 하겠다.

대비는 간밤의 꿈을 떠올린다. "어느 누군가에 황급히 쫓기듯 달려"온 아들 영창이 "까맣게 탄 바지저고리 차림"으로 "이제는 더 이상/ 뜨거움 참지 못하겠으니" 제발 살려달라고 다급한 목소리로 "절규하듯 외치는" 꿈이었다.

아들이 죽었다는 것을 직감한 대비는 "하늘이 무너져 내리는 충격"에 "하얗게 변색 된 핏기 없는 얼굴"이 되어 주저앉아 통곡하는 보모상궁들을 "멀건이 바라보면서/ 기가 막혀 말조차 잊어"버린다. 그리고 "흐느적흐느적 거린다 싶던 사지/ 맥없이 늘어뜨리고/ 축 처지며" "스르르 무너져" 내리고 만다. "태어난 이후 이런 일 겪어보지 못해" 넋 잃고 바라보던 "옆자리/ 열두 살 정명공주貞明公主가/ 어미 품에 넘어지듯 쓰러져" "어마마마, 어마마마/ 엄마/ 엄마" 울며 외쳐댄다. 참으로 처연한 장면이 아닐 수 없다.

"대비와 공주 모습에 잠시 멍해져있던" 김상궁의 다급한 발화가 다시 그대로 인용되며 희곡에 가까운 사건진행의 '장면묘사'는 계속된다.

> 무엇 하고있느냐/ 지금이/ 어느 때인데/ 너희들/ 정신이 나갔단 말이냐/ (…)/ 어서어서 문 닫아라/ 자리 펴라/ 찬물 가져 오너라/ 팔다리 주물러드려라/ 편히 모셔라/ 베개 낮추어라/ 어의御醫 속히 들라하여라

조금 전까지 김상궁은 머뭇거리며 말 한마디 제대로 이어가지 못했다. 그러나 대비를 위해 나인들에게 지시하며 조치를 취하는 상궁의 어조는 이제 단호하고 정확하다. 시시각각 변화되는 상황이 눈에 보이는 것처럼 선연하다. 시인은 상궁의 발화를 "임진란 때의 비격진천뢰/ 폭음소리" 같다고 비유하며 첫째 장, 첫째 절을

마감한다.

4

앞서 언급한 것처럼 작품은 "甲寅年(1614년)/ 이월 스무하룻날" 대비전에서 벌어지는 상황의 묘사로 시작되고, 그리고 이 상황의 진행이 첫째 절의 전체 내용이 된다. 그런데 이어지는 둘째 절에서는 한 해 전에 발생했던 사건, 즉 癸丑年(1613년)의 사건이 서술되며 시간은 거슬러 올라간다. 소위 '되돌아가기flash back' 기법이다.

1613년 가을 "전하의 친형 임해군과/ 당시의 영의정인/ 유영경"이 "국기문난國基紊亂의 모반"을 이유로 처단된다. 이 때 이덕형은 영창대군이 "관례 치르지 못한" 미성년자임으로 "법으로 다스릴 수 없다"며 왕에게 용서를 구하였다. 그러나 "남 헐뜯는 데에 앞장서서/ 출세하여 보려는/ 사회의 암적 존재" 무리들은 이덕형에게까지 형을 주어야 한다고 주장하였고 결국 그는 관직삭탈 당하고 용진 별장으로 물러난다. 그리고 "나랏일 걱정"에 "식음 전폐"하다가 그해 시월 초아흐렛날 숨 거두고 만다.

이때 "홍의장군紅衣將軍으로 더 유명한" 임진란 때의 의병장, 곽재우도 어린 대군을 죽이면 "옳지 못한 일로 후세에 어떻게 말 하리요" 소疏 올렸지만 귀 기울이는 자가 없었다.

마침내 이이첨의 심복으로 새로 강화부사로 부임한 정항이라는 자는 "눈앞에 어른거리는/ 권력과 부귀공명 허상에/ 짐승만도 못한 짓"을 결국 저지르고 만다.

가시 울타리 집 여섯 자尺 작은방/ 출입문에 못질하여/ 가두어 놓고/ 밤낮없이 장작불 지피니/ 까맣게 탄 손발톱/ 온몸으로 불길이 번지면서/ 까만 숯덩이로 변하여/ 몸에 물기 한 점 지니지 못하고/ 저승길 떠나니/ 하늘땅이 하나로 슬퍼하는/ 영창대군 영혼

영창이 어떻게 죽임을 당했는지 소름 끼칠 정도로 정확하게 묘사되고 있다. 바로 이 기막힌 소식이 대비전에 전해지고 작품 『인목대비』의 대서사가 "甲寅年(1614년)/ 이월 스무하룻날" 시작이 되는 것이다.

춘삼월이 가까운 때다. "찬기 가시지 않은 바람 끝" 양지쪽 담장 아래에는 "이름 모를 꽃들이/ 살아가야 할 삶의 험난함을/ 아는지 모르는지" 피어나고 있을 때다. 대비는 하나뿐인 아들이 저승 가는 길에 "허기져/ 아무데나 주저앉아 울지 말라고" 손수 "이승의 마지막 밥상"을 준비하기로 작정한다. "찬모饌母며/ 상궁" 다 내보내고 "죄 많고 박복한/ 어미인 내"가 직접 하겠다며 살아생전에 못한 어미의 애틋한 정 "볶고 지지고 삶고 데쳐" 그릇 그릇 담는다. 뒤쪽에서 "쏟아지는 눈물"은 가리기 어렵고, 그렇다고 큰 소리로 통곡도 할 수 없는 "상궁이며/ 애티 가시지 않은 애기궁녀"들이 소리 없이 훌쩍이고 있다. 대비는 "간소하나마 깔끔하게 차려진" 제단을 마련하고, "비벼서 꼰/ 조선종이 심지"를 "기름 담은 종지에 넣어" "작은 불씨 하나" 조심스레 당겨 제상에 올린다. 참으로 눈물겨운 정경이 아닐 수 없다.

가슴에 응어리진 여인의 한/ 하늘마저 알았는지/ 동녘 허공에/ 여린 별똥별 하나가/ 밝고/ 맑은 빛/ 흩뿌리다가 스러지고 있었다.

시인은 집밖의 동녘하늘로 눈길을 돌린다. 그리고 허공에 스러지는 별똥별 하나를 무심한 듯 바라보고 있다. 그러나 실상 위 대목은 애절한 정서를 서정적인 문체로 최대한 상승·증폭시키고 있다. 읽는 사람의 가슴을 후벼 파며 작품의 1부 「한 많은 여인」, 첫 장 '스러지는 아기별'은 문을 닫는다.

5

작품의 첫째 장 만 보았을 뿐인데도 이미 많은 지면을 소모하고 있다. 작가가 견인하고 있는 문학적 장치와 그 이론에 부합되는 예문을 찾아 인용해가며 3부, 8장이나 되는 작품 모두를 독서하려 한다면 책 한 권을 써도 모자랄 듯싶다. 작가가 의도하는 미학적 전략은 이미 앞의 장에도 대충 다 포함되어 있는 것 같다. 한 번 짚어보고 작품 전체의 독서에 속도를 내야 할 것 같다.

작품은 "1614년 이월 스무하룻날"을 기점으로 시작된다. 그런데 앞에서 잠깐 언급한 것처럼 이어지는 둘째 절에서는 전에 발생했던 사건, 즉 1613년의 사건이 서술되며 시간은 '역전'되고 있다. 작품에는 이런 '플래시백'의 기법으로 수많은 과거의 일이 서사 중간에 삽입되고 시간적 역전이 발생하고 있다. 현실에서 일어나는 사건은 어떤 사건이 되었든지 자연적 시간 순서에 따라 발생하고 종결된다. 하지만 작가는 자신의 문학적 의도에 따라 이 '달력적 순서calender order'를 바꾸어 사건을 재편성하는 일이 허다하다.

우리는 자연적 순서, 즉 시간의 순서에 따라 정리된 사건의 서술을 '스토리'라 할 수 있고 인과관계를 강조하기 위하여 순서를 바꾼 경우를 '플롯'이라 부를 수 있다. 사건진행에 대해 '그리고 나서 and then?'라면 스토리이고, '왜 why?'라면 플롯인 것이다. 이는 재료에 해당되는 것을 '파불라fabula'라고 부르고, 그 재료를 예술적으로 재구성한 것을 '쉬제sujet'라고 부르는 형식주의자들과 맥락을 같이한다. 한마디로 원초적이고 기본적인 이야기와 배열되고 가공된 이야기의 이분법으로 서사의 구조를 나눌 수 있는데 전자는 스토리가 되고 후자는 플롯이 된다고 할 수 있다. 바로 이 스토리를 기초로 하여 더욱 높은 형태의 조직, 플롯을 만들기 위해 작가는 시간을 역전시키고 있는 것이다.

당장 이어지는 둘째 장 에서도 시간은 작품의 시작 기점인 '1614년 이월'에서 육 년이나 거슬러 올라가 '1608년 이월 초이튿날', 조선 15대 임금 광해군의 즉위식을 묘사하고 있다. 이는 바로 앞서 말대로 첫째 장에서 '왜?' 대비전의 비극적 상황이 벌어지게 되었는지 그 자초지종을 말하기 위해서이다. 즉 이야기는 플롯을 만들기 위해 재배열되고 있는 것이다.

그런데 첫 장의 이야기 뼈대는 대비가 상궁으로부터 강화에 있던 아들의 비참한 죽음의 소식을 듣고 절망의 슬픔에 빠지지만 그래도 저승 가는 아들을 위해 정성껏 손수 제상을 마련한다는 것이 전부라고 할 수 있다. 그러나 이처럼 단순하게 보이는 서사 골격에도 수많은 재료들이 그 구성분자로 첨부되고 있다. 나는 앞에서 사건현장을 생생하게 보고 느끼게 하는 '장면묘사'를 설명하며 몇 개 문장을 예문으로 인용한 바 있다. "문 닫아라! 자리 펴라! 찬물 가져 와라! 팔다리 주물러라! 베개 낮춰라! 어의 들라하라!"와 같이 다급하고 연속적인 상궁의 외침은 마치 판소리의 한 대목을 듣는 것 같다. 이는 영창이 어떻게 죽임을 당했는지의 묘사나, 대비의 한을 하늘에 스러지는 별똥별에 비유하는 대목에서도 마찬가지다.

발화 내용이 독특한 시적 운율을 타고 있기 때문일 것이다.

이외에도 "말이 씨 된다"와 같은 속담, "날은 춥고/ 흰 눈 쌓여야/ 소나무와 잣나무의 푸르름/ 알게 된다."라는 선현의 말씀, "송죽 푸른빛이 사립문에 비치니/ 지난날을 홀로 배회한다네/ 덧없는 인생/ 누구 뜻 따르랴/ 꽃다운 마음으로 세한에 이르리."와 같은 옛날의 시편 등이 구성 재료가 되어 작품 내부에서 서사와 함께 직조되고 있다. 이런 내부 요소들은 종횡으로 얽혀 유기적으로 연결된다. 이런 것이 없더라도 서사의 골격은 그대로 남겠지만 작품 전체적 분위기와 색깔은 아주 빈약하지고 말 것이다.

문학이 개연성을 가지려면 언어의 특별한 조직으로 그것이 믿을 만 하게 되도록 꾸며야 할 것이다. 이렇게 치밀한 내부적 조직을 가지고 있는 하나의 완성된 형상을 우리는 '구조'라고 부른다. 이는 금세기 여러 학문에서 공통적으로 볼 수 있는 경향으로, '사회구조', '심리구조'와 같은 말은 흔히 듣는 말이다. 따라서 문학작품을 하나의 '언어구조'라고 보는 것은 당연한 일이라 하겠다. 구조는 하나의 전체를 이루는 모든 요소들의 총합이다. 바로 위의 몇 가지 예시도 그런 요소들의 일부가 된다. 이들은 작품 안에서 다양성, 포괄성, 복합성을 조성하며 유기적으로 연결되는 '유기적 구조'이자 '동적 구조'로서의 기능을 수행하고 있는 것이다.

6

작품 첫째 장의 제목은 '스러지는 아기별'이다. 제목 그대로 어린 영창이 '아기별'처럼 스러져 가는 내용이다. 그런데 둘째 장의 제목은 '패대니 역적이 나오고'이다. 왕이 될 뻔한 아기별이 사라

졌으니, 그 다음에는 어머니인 인목대비와 그 주변 사람들이 심한 고초를 당할 것은 불 보듯 뻔한 일이다. 권력의 향배에 따라 수많은 사람들이 충신도 되고 역적도 되는 것은 역사가 증명한다. 멀쩡한 사람도 갖가지 음모를 꾸며 죄인을 만들고 야만적 국문鞫問으로 역적임을 실토하게 만든다. 제목 그대로 '고문하고 패대면 역적'이 되는 것이다.

> 내려치는 곤장에 찢기는 볼기/ 압슬壓膝로 깨어지는 무릎 뼈와/ 주릿대로 양다리 비틀어/ 찢기는 무릎 근육에/ 달궈진 쇠꼬챙이가 벌겋게 파고들어/ 타는 살 냄새

인용문과 같은 상황이 되면 "고통 이기지 못한 허위자백"은 물론 "신문 도중에 절명絕命한 사람"도, "곤장 아래 죽은 사람"도 얼마든지 있을 수 있을 것이다.

위에서 보는 것처럼 작품에서 각 장의 제목은 그 내용을 짐작하게 한다. 이런 사실은 작품의 마지막 장까지 계속되고 있다. 대서사가 진행되는 동안 작품에는 시간의 역전과 함께 수많은 인물이 등장한다. 이런 경우 독자는 시간의 흐름을 제대로 따라잡지 못하고, 동시에 인물들의 인지에도 헷갈려 당황하는 경우가 발생한다. 이 때 각 장의 제목들은 독자에 대한 친절한 배려로 기능하며 독서 진행의 지표가 되어준다.

그런데 둘째 장에는 사건진행의 중요 고비가 되는 광해군의 즉위식 장면 또한 묘사되고 있다.

> 삼엄한 기치창검旗幟槍劍이 햇살 되쏘아 올려/ 시린 빛에 눈 가리

고/ 펄럭이는 봉황鳳凰이며/ 꿈틀꿈틀/ 용틀임하는 용기龍旗/ 주작朱雀과 현무玄武의 깃발 나부끼어/ 대장기大將旗와 전령기傳令旗가/ 위세威勢 뽐내는/ 처마 아래 높다란 곳

말 그대로 위세 등등한 장면이 아닐 수 없다. 이런 곳에서 광해군은 "노란색 곤룡포袞龍袍 단정히 입고/ 금빛 찬란한 면류관 쓰고" 용상에 앉아 "만조백관으로부터/ 천세의/ 하례소리"를 듣고 있다.

그런데 이 장려한 즉위식이 벌어지고 있는 곳은 의외의 장소로 궁궐이 아니라 "월산대군 사저인 서청西廳"이다. "나랏일 보살필 곳 없어/ 임시로 빌려 쓰고 있는/ 행궁行宮"인 것이다. 궁궐은 임진란 때 다 불에 타버렸기 때문이다.

'황제의 즉위식'과 그것을 행하고 있는 '임시 행궁', 큰 아이러니가 느껴진다. 여기에는 작가의 조소嘲笑 섞인 날카로운 눈빛이 있다. 즉 궁도 제대로 지키지 못한 왕실, 특히 선조의 무능과 안이함, 이에 따른 관료들의 붕당과 기강의 문란에 대한 비웃음이 직접 표현은 하고 있지 않지만 행간에 내재하고 있는 것이다.

이제 독서의 속도를 빠르게 하고 독자의 이해를 높이기 위해 당시 왕실과 조정의 상황을 요약 정리할 필요가 있을 것 같다.

황윤길과 김성일의 일본에 대한 상반된 보고와 이에 대한 어리석은 선조의 우유부단한 대책은 우리도 잘 아는 바다. 결국 임진란이 일어나고 부산포에 침입한 왜군은 파죽지세로 반도를 북상하여 스무날 만에 백성을 버리고 왕이 도주한 한양성에 입성한다. 평양으로 도망갔던 선조는 왜군이 계속 북상하자 다시 의주로 도망간다. 정말 비겁한 왕의 모습이 아닐 수 없다. 이때 국난에 대비한다는 명분으로 피난지 평양에서 선조는 광해군을 세자에 책봉한다.

선조는 의주로 향하고 광해군은 분조分朝의 책임자로 평안도 · 강원도 · 황해도 등지를 돌면서 민심을 수습하고 군사를 모집하는 등 적극적인 분조활동을 전개한다. 1597년 정유재란이 일어났을 때는 전라 · 경상도로 내려가 군사들을 독려하고 군량과 병기 조달은 물론 백성들의 안위를 돌보는 등 왜란 기간 동안 국가 안위를 위해 노력하였다.

그런데 광해군은 빈嬪의 소생이다. 이에 반해 선조의 14명 왕자 중 13번째 왕자인 영창대군은 이 작품의 제재가 되는 '인목대비'의 소생으로 유일한 '정궁正宮의 자식'이다. 그래서였던가. 전쟁이 끝난 후 선조는 이미 평양에서 세자로 책봉한 광해군 대신 영창대군을 왕세자로 바꾸기 위해 영의정 유영경柳永慶 등과 비밀리에 공모한다. 그러나 선조가 갑자기 세상을 떠나자 왜란 동안 많은 공을 세운 광해군은 대북大北파의 지지를 받아 1608년 왕위에 오르게 된다. 바로 우리가 앞에서 본 황제 즉위식이 거행 되는 것이다.

같은 나라 하늘 아래 왕이 둘 있을 수는 없다. 의도가 있었던 없었던 왕이 될 뻔한 사람은 왕이 된 사람에게 핍박을 받게 마련이다. 영창과 그 어머니인 대비와 그 주변 사람들이 심한 고초를 당하게 되는 것은 당연한 일이다. 대북파의 농간으로 광해의 형 임해군도臨海君도, 대비의 아버지 김제남金悌男도 죽임을 당한다. 대비는 서궁西宮에 유폐되고 이어 영창대군마저 역모 연루의 죄로 서인으로 강등되어 강화에 위리안치 당한다. 그리고 마침내 1614년 만 8세의 어린 나이에 강화부사 정항에 의해 증살蒸殺되고 만다.

바로 아들 죽음의 소식을 듣고 대비가 큰 슬픔에 빠지는 대목이 작품의 서두 부분이다. 그리고 시간을 역전시켜 대비와 주위사람들이 고초를 겪는 내용이 작품 2부 거의 전체를 차지하며 하나하나 묘사되고 있는 것이다. 작품 2부 제목은 「너는 내 어머니가 아니다」이고, 그 첫 장의 제목은 '어미를 폐廢하다'이다. 인목대비는 생모는 아니지만 선조의 정궁부인으로 엄연한 광해군의 어머니다. 설사 부모에게 잘못이 있다 해도 자식이 부모를 부정하고 폐하는 일은 없는 법이다. 그러나 그런 '있을 수 없는 일'이 일어났다는 것을 제목은 가리키고 있다. 두 번째 장의 제목은 「긴 겨울밤이 시작되고」이다. 역시 대비에게는 진정 춥고 길기만 한 겨울밤 같은 세월이 닥치는 것이다.

7

작품 2부에 나타나는 왕비의 수난을 연대 순서대로 요약해보자.

왕비는 1602년 왕비에 책봉되었고, 1608년 광해군이 즉위한다. 1613년 영창대군이 강화도로 유배되고 같은 해 왕비의 친정아버지 김제남, 영의정 유영경, 임해군이 죽임을 당한다, 1614년에는 영창대군이 증살되고, 1618년 왕비는 서궁西宮에 유폐된다. 그리고 1623년이 되어서야 인조반정의 성공에 따라 왕비는 '대왕대비'로 복호復號되고 인경궁의 흠명전에 거하게 된다.

광해가 즉위한 후 반정 때까지, 15년이란 참으로 오랜 기간, 왕비는 '겨울밤' 같이 길고, 춥고, 어두운 세월 속에서 견디기 힘든 고초를 감내해야 했던 것이다.

여기서 이야기의 '서술되는 시간'을 생각해볼 수 있다. 이는 작품내의 사건이 일어나서 끝날 때까지의 시간이다. 이때 사건 진행의 현재에서 벗어나는 '역전'은 '서술되는 시간' 속에 포함되지 않는다. 따라서 이 작품의 '서술되는 시간'은 사건이 시작되는 1614

년부터 끝나는 1623년 까지 9년이 된다.

2부의 서사에는 특별히 주목할 만한 두 대목이 있다. 즉 왕비가 선조와 가례를 치르던 일을 회상하는 대목, 이항복의 시가 인용되는 대목인데 문학적 가치는 물론 사료적 가치도 풍부한 대목으로 보인다.

대비는 "햇볕 들 기미 없는 서궁"에서 오늘도 눈물 속의 지난날 돌아보며 인생무상을 뼈저리게 느끼고 있다. 그 동안 "친정아버지는 사사賜死되고/ 오라버니와 남동생 둘/ 역모혐의로 죽임 당하였으며" 오랜만의 적자탄생에 온 나라가 기뻐하던 "철부지 어린 아들 영창대군마저/ 폐서인 되어/ 위리안치 된 강화도에서" "숯덩이의 주검"이 되고 말았다.

"지아비 선조의 떠남이 어언 열 한 해" "제 아버지가 종묘에 고하고/ 의식 갖춘 친영례親迎禮로 맞이한 어미"를 광해는 "대비라는 호칭마저 삭탈"하고 서궁에 유폐하였다. 대비는 어제 일처럼 지아비와의 가례가 눈앞에 어른거린다.

1584년 동짓달, 대비가 "열아홉 되던 해에/ 왕비 간택령揀擇令이 발표"되고, 조선 천지에는 금혼령이 내려진다. 혼기에 이른 딸을 둔 명문집안들은 "후보자 사주단자四柱單子에 의하여/ 초간택/ 재간택 거쳐/ 삼간택"을 거치는데, 마침내 1602년 대비는 조선의 국모로 선택되어진다. 그리고 "백성들과 만조백관의 하례 받으며/ 사당에 들려 조상님께 고하고/ 부모님께 작별인사 올린 후에" 임시 거처지인 태평관에 든다. 같은 해 유월 열사흗날 묘시 "가례도감嘉禮都監 정사인 좌의정 김명원에/ 부사인 호조판서 한응인이/ 납채納采의 예"를 별궁에서 행하고, 같은 달 열이렛날 묘시 "신랑인 임금께서 친히/ 걸음 옮기시어/ 납징納徵의 예" 행하였으며, 열아흐렛날에는 정사와 부사가 함께 "고기告期의 예" 받들었고, 다음 날 묘시에는 "오뉴월 더위로 이마에 땀 맺히고/ 촉촉이 젖어드는 속곳에/ 뛰는 가슴 움켜쥐고" "왕비 책비冊妃 의식"을 거행한다. 드디어 다음 달 칠월 열 사흗날 묘시, 태평관에서 신부는 신랑인 임금과 "친영례親迎禮"를 치른 후 "정사와 부사의 봉영"을 맞으며 마침내 궁궐에 들어가게 되는 것이다. 참 번거롭고 복잡하기도 하다. 그러나 한 나라의 국모가 된다는 일이 얼마나 중차대한 것인지도 절로 느껴진다.

대비의 수난을 간과할 수 없었던 일부 양식 있는 선비들은 "어머니가 자식 사랑치 않는다하여도/ 자식은 어머니에게 효도하여야하는/ 큰 윤리"가 있음을 삼강오륜을 들어 설명하며 왕에게 상소를 올려 선처를 호소하였다. 그러나 이들도 음모에 몰려 옥에 갇히거나 귀양을 가게 된다. 이항복도 그런 선비 중의 하나였다.

1615년 동짓달 열엿샛날 이항복이 노구로 귀양지 북청으로 먼 길 떠나는 날, 친구 이호민 등과 산단山壇에서 눈물로 작별하며 시 한 수로 인사를 대신한다.

> 구름 덮인 해가 쓸쓸해하며/ 대낮이 밤처럼 어두워/ 북풍은 멀리 떠나는 옷자락 붙잡고/ 갈기갈기 찢으려하는구나/ 요동성이야/ 의당 옛날과 같겠지만/ 영위令威에 가서/ 오지 못할까 염려로세

그가 "오르막 사십 리에 내리막 사십 리/ 굽이굽이 아흔아홉 굽"을 넘어 "새들도 쉬어 넘는다는/ 함경도의 철령鐵嶺"에 올라와서는 우리 귀에도 익숙한 시 한 수를 또 읊조린다.

철령 높은 재에 자고 가는 저 구름아/ 고신孤臣의 눈물 비 삼아 띄웠다가/ 임 계신 구중궁궐에 뿌려본들 어떠리

옳은 말을 했지만 귀양을 가야만 하는 외로운 신하의 심경과 그럼에도 조정을 향한 그의 변치 않는 일편단심이 우리의 가슴을 뭉클하게 만든다.

8

이 작품에는 그야말로 전설적 영웅처럼 활약하는 서사적 주인공은 없다. 그럼에도 주인공을 꼭 말해야한다면 단연코 2부 3장 '바람에 길을 내다'에서야 등장하는 이기축李起築이 될 것이다. 작가의 문학적 상상력이 작품에서 가장 많이 발휘되는 부분이기도 하다.

사료를 찾아 요약해 보면 이기축은 선조22년(1589)부터 인조23년(1645)까지 살았던 조선 후기의 무장으로 효령대군의 8대손이었다. 어렸을 때부터 비범했고 궁마弓馬로 단련하여 광해12년(1620)에 무과에 급제했다. 당시 그의 종형 이서李曙는 장단長湍부사였는데 인목대비의 유폐에 분개해 반정을 꿈꾸던 중이었다. 두 사람은 뜻이 맞아 이기축은 능양군(뒤의 인조)이 있는 곳과 장단 사이를 내왕하면서 거사의 연락을 맡았으며, 궁에 입성할 때는 선봉장이 되었다. 그 공으로 정사공신으로 봉해졌고 절충장군으로 품계가 올라 금군장으로 복무했다.

우리에게는 잘 알려지지 않은 이름이지만 이런 사료로 볼 때 그는 실존 인물이었고 반정에 큰 공을 세웠음은 확실한 것 같다.

작가도 그가 확실히 서사의 주인공이 된다고 판단했는지 그의 등장하는 시기와 모습을 예사롭지 않게 표현하고 있다.

> 절기 따라 입춘에 우수 지나고/ 개구리는 경칩에서 깨어나/ 버들가지 푸르름이 강물로 흘러/ 예서 제서 민들레꽃 피어나면/ 제비꽃 시새움에/ 개불알꽃 솟아오른 양지쪽/ 담장 아래 노니는 햇살 한 가닥/ 어느 사이에 물고 내달리는/ 잦은걸음의 병아리 발치에서 이는/ 앞 뒷산 새소리

이런 아름다운 계절에 "기골이 장대한 사내 하나"가 "광화문 옆 산기슭/ 길가 너럭바위"에 "가던 걸음 멈추고 털썩 주저앉으며" 세월이 빠르다더니 나도 벌써 "삼십을 넘어/ 사십령의 오부 능선이구나" 하고 한숨의 자탄 소리를 내고 있다. 주인공 이기축이 처음 모습을 드러내는 장면이다.

작가는 그가 어떤 사람인지 소개를 시작한다. 그는 효령대군 후손이었고 부친은 정읍현감까지 지낸 사람이었지만 적자가 아닌 서얼庶孼이었다. 기운 가세에 벼슬길도 나갈 수 없어 울적한 마음으로 씨름판 노름판 전전하다가 충청도 홍성의 천석지기 우종남 집 머슴이 되었다. "힘이 장사라서 몇 사람 몫의 일" 혼자 해치우는데다가 왕손임을 알게 된 우 부자는 자신의 외동딸을 그에게 시집보내려한다. 어려서부터 공부하여 사서삼경에 주역까지 읽은 딸도 사람 보는 눈이 있어 그에게 호감을 갖고 "좋은 곳으로 시집가라 해도/ 막무가내로 마다"하고 있던 차였다. 두 사람은 결국 결혼하게 되고, 한양 "서대문 밖 장동莊洞 숲속에/ 터 다듬고 탄탄한 주춧돌 놓아/ 작고 아담한 주막집 하나" 마련했다.

한양에 온 이기축은 "창칼과 도끼며 궁술에/ 봉술"을 열심히 익히고, 또한 아내에게 "천자문을 배우기 시작하여/ 밤을 낮 삼고" 소학 대학까지 열심히 읽었다. 그는 마침내 무과에 급제하고 부인의 알선으로 능양군과 김류, 이귀 등 반정세력과 동지가 된다.

이 때 서궁으로 폐출된 대비는 "옥책玉冊과 옥보玉寶 걷어가고", "휘지徽旨와 표신標信 못 쓰게 하며", 여연輿輦과 의장儀狀마저 가져가고", "문안숙배問安肅拜"까지 받을 수 없는 처지에 있었다. 심지어 모든 예를 "후궁 예에 따르게 하며/ 하나뿐인 공주혼인 때에는/ 옹주翁主의 예"에 준한다는 기막힌 상태에 처하고 있을 때였다.

작가는 이 무렵 주인공 이기축에게 일어난 중요한 두 가지 사건을 서술하고 있다.

첫째 사건은 어느 날, 사촌형인 장단부사 이서가 한 통 서찰을 건네며 심부름을 시키는 것으로 시작된다. 그런데 찾아가 만나야 할 사람은 영의정으로 있다가 얼마 전에 물러난 밀양부원군인 박승종이었다. 그는 대비의 폐비논의에 극력 반대했던 사람이다.

"부원군 대감마님/ 장단 부사 이서가 드리는 글/ 소인이 올리려 왔습니다."

섬돌 아래 우렁우렁한 이기축의 목소리를 듣고 "박승종이/ 가까이 오라며/ 반갑게 손짓하여/ 받아 든 서찰"에는 "아무런 글자"도 없었다. 필자 생각이지만 여기에는 중요한 의미가 내재되어 있는 것 같다. 글자는 모든 사람이 읽을 수 있고 따라서 기밀이 누설되기 쉽다. 따라서 서신의 내용은 그것을 전하는 사람 자체, 즉 이기축이 될 것이다.

"온몸에서 풍기는 사내다운 풍모"와 "절도 있는 몸가짐"이 마음에 와 닿는 듯 박승종은 "활짝 웃음 띤 표정으로/ 한참 동안/ 지긋이 내려다보고는" 예사 심부름 아닌 것을 알고 심부름꾼을 "찬찬히/ 더듬고 살펴보며" 이것저것 물어본다. 그리고 사나이가 사나이 알아보듯 두 사람은 뜻과 뜻이 통하게 된다. 이제 이기축은 반정세력의 핵심에 진입하고 있는 것이다.

두 번째 사건은 "다급한 박승종 부름"으로 이기축이 달려간 대비의 서궁에서 벌어진다. 이기출은 "막 궁궐 담장 넘으려는/ 검은 그림자"를 발견하고 돌멩이를 조준하여 던지고 괴한은 나둥그러진다. 이기축은 대비 시해를 저지하는 큰 공을 세운 것이다. 이기축은 "괴한의 목덜미/ 지그시 발로 누르고" 빼앗은 칼 눈앞에 들이대며 누가 보냈냐고 자백을 요구한다. 결국 "가슴 깊숙이 파고"드는 "칼끝의 시린 감촉"을 느끼고 살기로 작정한 자객으로부터 "전 강원감사 백대형"이라는 실토를 받아낸다. 이후에도 박승종의 연락으로 "서너 번이나" 시해 음모를 사전에 막는. 주인공다운 혁혁한 공이 아닐 수 없다.

9

3부 1장의 제목은 '때가 이르렀나보다'이고, 2장은 '쥐구멍에 해 뜨는 날', 3장은 '다순 바람불어오고'이다. 말 그대로 3부에서는 "때가 이르러" "쥐구멍에도 해 뜨는 날"이 오고 마침내 천지에 "다순 바람"이 불어오게 되는 것이다.

시인은 당시 세상 민심을 그대로 보여주며 3부의 막을 연다. 백성들은 전 강원감사 백대형 등이 "서궁 살해하려한 일"을 알고 "개만도 못한 씨 부 난 놈의 쌔기들/ 제 놈들이 입에 달고 사는/ 충효는 무엇이고/ 인의예지신 또한/ 어느 곳에 쓰이는 것이냐"면서 "움켜쥔 주먹으로 흙 쥐어박고는/ 에끼 이 처 죽일 놈들"하며 "퉤퉤 침"을 뱉는다.

이런 '씨 부 난 놈의 쌔기들'이나 '처 죽일 놈들'과 같은 거칠고 상스런 언어들은 '충효'나 '인의예지신'과 같은 전아한 언어와 극적인 대조를 이루며 독자에게 특유의 친화력과 호소력을 발휘하고 있다. 원래 시 언어는 사람의 투박하고 절실한 정감을 토로하는 직정의 언어였다. 따라서 민중의 생활과 밀착된 이런 토착어들은 삶의 구체성과 생동감을 구현하는 중요한 문학적 장치라고 볼 수 있다. 뺑덕어멈의 사설이 빠진 심청전이나 방자 사설이 빠진 춘향전을 생각해보면 바로 이해가 될 것이다.

백성들의 원성은 드디어 1623년 삼월에 현실이 되어 분출하고 만다. "봄이 절정으로 치닫는 밤"이었다. 서대문 밖 의주로 홍제원에 "이괄이 이십 명 군관들과 도착"했을 때, 동지인 "이귀, 김자점이 삼백여 명 군사"와 함께 있었고, "김유는 심기원 원두표"와 "이백여 명 무사" 함께 있었다. 그런데 문제가 생겼다. "누군가의 거사 계획 고변"으로 성 안의 군사들이 벌써 "창의문으로 향했다는 소식"이 들려오고 반정군의 사기는 "내리 곤두박질쳐/ 모두 흩어지려" 하고 있었다. 바로 이 때 극적으로 우리의 주인공 이기축이 다시 등장한다.

때맞추어 "장단 병력 칠백 명 이끌고" 도착한 "이기축이 분위기 살피고는/ 산천이 떠나갈 듯/ 크고 힘 있는 우렁우렁한 소리"로 군사들을 격려하기 시작한다.

임금 광해는 "폐륜을 저지르고" "요사하고 간사한/ 이이첨 정인홍 유희분이며/ 김개시를 비롯한 궁인" 등과 더불어 나라를 어지럽히고 있는 바, 우리는 모두 "한마음 한뜻으로/ 떨쳐 일어나서 못된 자 응징"하고 "옳지 못한 일 바로잡자"고 오늘 여기에 모인 것이니 "한 사람의 이탈이나 낙오자 없이" 힘을 합쳐 대의를 이루자고 주인공은 절규한다.

이에 "능양군이 겉옷 벗어" 이기축에게 입혀주니 "비로소 모든 얼굴에 화기가 돌며/ 새로이 진작된 사기"는 함성이 되어 휘몰아쳐 간다.

김자점 심기원 신경유 등이 능양군을 호위하여 지휘부를 이루고, 군사들은 "옳을 義자 하나 각자의 등 뒤에 달고" 진격하여 "가로막는 창의문 수문장 목 베고" 훈련대장 이홍립의 도움으로 "굳게 닫혀 있는 돈화문/ 도끼로 찍어" 열었다. 치솟아 오르는 불길은 하늘을 뚫는 함성과 함께 어두운 밤을 대낮같이 밝혔다. 그야말로 "어둠 사르고 새 세상에 이르는 길"을 비추는 불길이었다. 광해군은 이때 "엎드린 내시의 등 딛고" 후원 숲속에 이어지는 "궁성의 담"을 넘고 있었다.

10

이렇게 거사는 성공하였다. 이제 작품은 3부 마지막 3장으로 대미를 향해 치닫고 있다.

"지아비 여위고/ 어린 자식 가슴에 묻고/ 친정아버지며 동기간 모두 잃고/ 어머니마저 관비로 끌려가고/ 그도 부족하여/ 호칭마저 빼앗기고/ 한낱 후궁 대우받으며/ 오랜 유폐 생활"에 지친 대비의 서궁에도 이제 여명의 빛이 찾아들고 있었다.

1623년 삼월 열 사흗날, 돌보는 이 없어 서궁 "넓은 뜰의 잡초"는 "여기저기 솟아"오르고 담장은 이끼에 허물어지고 있었다. "주인의 지난날만큼이나/ 밟히고 짓이겨진 모양"이 아닐 수 없다. "어느 누구 하나/ 기웃거리는 이" 없던 이곳에도 오늘은 봄기운이 쏟아져 들어오고 있다. "원산지가 탐라도 한라산인 왕벚나무 꽃"도 활짝 피었다.

"반정군이 대궐접수하고 수습"한 후 능양군은 김자점을 보내어 전후 사정을 아뢰고 대비를 모셔오도록 하였다. 김자점은 "도탄에 빠진 백성 구하고자" 신료들이 몸과 마음 합하여 의거했다며 이제 모두 수습되었으니 함께 가자고 청한다. 그러나 대비는 지난 "십 년 내내/ 어느 누구 하나/ 안부 묻는 이"가 없었는데 "아닌 밤중에 홍두깨 격"이라는 말씨로 나오지 않는다. 이에 다시 이귀를 보내고, 홍서봉을 보내고, 또 이정귀를 보내지만 대비는 "도대체 능양이 누구이기에/ 지아비여읜고/ 어린 자식마저 잃고/ 십 년 넘게 유폐되어 있는/ 나를/ 오라 가라 한단 말이냐" 하고는 움직이지 않는다.

이제 주인공 이기축이 또 한 번 나서게 된다. 그는 "한 걸음으로 서궁"에 가서 "소신 이기축/ 대비마마께 문후 올립니다."고 인사드리자 대비는 그에 대해서는 들은 바가 있었던지 "이기축, 이기축이라 하면…" 되묻자 "그렇습니다, 대비마마" "마마 시해하려는 놈 쫓고/ 그 후에도 서너 번/ 범궐하려던 자 내몰았던/ 이기축입니다." 라고 답한다. 대비의 반응은 이번에는 다르다. "아 그렇소, 그렇지 않아도/ 내 한 번 만나/ 고맙다 인사하고 싶었는데/ 오늘 이렇게 보다니 정말 반갑구려." 자, 상황이 이렇게 돌아가니 대 성공이다. 반정의 거사는 살아있는 최고 왕실어른의 재가까지 끝낸 것이나 다름없는 것이 아닌가. 이기축은 작품의 마지막 장에서도 이처럼 결정적인 역할을 수행하고 있다.

이렇게 해서 능양군은 인조로 왕위에 오르고 광해는 폐위되어 유배지로 떠나게 된다. 그리고 작품도 대단원의 막을 내리는 것이다.

11

『인목대비』의 서사에는 여러 삶의 조건 속에서 살아가는 인간들이 있다. 시대적 · 사회적 제반 여건 속에서 보여주는 그들의 모습은 우리의 정서와 공명하며 자신을 돌아보게 하는 성찰의 기회를 만들어주고 있다.

작가는 일방적으로 어느 누구 한 편의 손을 들지는 않는다. 물론 인목대비의 고초와 수난이 서사의 주요 주제가 되고 이를 강조하기 위해 광해가 폄훼되는 쪽으로 기우는 경향도 없지 않다. 그러나 우리는 광해의 성대한 즉위식과 그것이 거행되던 '임시행궁'을 대비시킴으로 선조의 무능과 관료들의 붕당에 따른 기강 문란에 대한 작가의 날카로운 눈빛을 볼 수 있었다. 광해군이 왕권을 안정화시키기 위해 영창대군과 임해군을 제거하고 대비를 유폐시킨 것은 사실이다. 그러나 실상 어찌 보면 그도 서인과 북인 사이에 벌어진 정치적 이념의 갈등, 즉 붕당의 소용돌이 속에서 희생된 비극적인 왕에 불과하다. 더 나아가 생각해보면 이런 비극이 벌어지게 된 원인은 선조에게 있다. 그는 왜란 때 적과 대적하기는커녕 도망가기 급급했다. 도망가는 길에 평양에서 임시 수습책으로 광해를 세자로 책봉했다. 그리고 한양에 귀환해서는 다시 적자인 어린 영창으로 세자를 바꾸려 했다. 게다가 신료들은 양쪽으로 편을 갈라 서로 싸우기에 바빴다. 비극이 벌어질 수 있는 충분조건이 되고 있는 것이다.

사실 광해는 반정에 의해 폐위되기 전까지 1608년 선혜청을 두어 대동법을 실시하고 1611년 양전量田을 실시하여 백성의 복지를 위해 노력했다. 후금(청)과 명나라 사이에서 능란한 중립 외교솜씨를 보여주었으며 서적의 간행에도 힘을 기울여 『신증동국여지승람』, 『용비어천가』 등을 다시 간행하고 『국조보감』, 『선조실록』 등을 편찬하였으며, 적상산성에 사고史庫를 설치하기도 하였다.

그에 반해 새로 왕위에 오른 인조는 어떠하였는가. 광해의 중립정책을 버리고 친명親明정책으로 망해가는 명만 바라보다가 주지하는 바와 같이 항복의 표시로 세 번 큰절을 하고 아홉 번 땅바닥에 머리를 박아, 절하는 소리가 단 위에 앉아 있는 청 태종의 귀에까지 들리도록 하는 치욕을 당하지 않았던가. 그리고 항복의 대가로 소현세자와 봉림대군, 또한 20만 명의 백성을 인질로 보내지 않았던가. 바로 이들 중 귀환한 여자들이 '환향녀'로 불리는, 바로 안평옥의 첫 번째 서사시 『화냥년』의 제재가 되지 않았던가.

이런 비극적 서사는 어떻게 발생한 것인가. 왜도 청도 아니다. 모든 것은 다 조선왕조의 탓이다. 그리하여 마침내 조선은 전쟁 한 번 제대로 못해보고 1910년 일본에게 나라를 빼앗기고 말았던 것이 아닌가. 작가는 남을 탓할 것이 아니라 치열한 우리 자신 내부의 반성적 성찰을 요구하고 있는 것이다.

| 후기後記 |

지난날들이 아득하게 느껴지면서
잠시 쉬며 되돌아보니 어언
적지 않은 날들이 지나쳐 가고
八十嶺 능선에 다다라
숨 고를 일만 남았나보다,
지구상에 존재하는 여러 나라에서
자신은 물론이요
선조들의 출생이며
역사와 문화를 책으로 엮어
후세들에 전하는 모습 보고 들으며
비록 淺學非才한 몸이지만
나도 한번 해보아야겠다고 다짐하면서
1636년 병자호란 때에
40만 명의 우리 조선 여인들이
청나라로 끌려가는 『화냥년』에 이어
대원군과 민비의 갈등이며
나약한 고종으로 인하여

1905. 11월 을사조약 체결로 결국은
조선이 망하는 『제국의 최후』를
上梓했으며 1945. 8. 6일 오전 8시
15분 15초 일본의
히로시마에 原爆이 투하되어
일본제국이 망하는 과정과 결과를
세 번째의 『불벼락 치다』로
펴낸 바 있으며
이번에는 네 번째로 조선 궁중 여인의
삶과 아픔이 점철된 일생을 다루어 보았다
다섯 권을 목표로 하였기에
남은 한 권은 조선 최초의 철도인
경인선과 경부선의 부설敷設과 개통
과정을 엮으려 한다,
모든 면에서 부족한 제가 감히 여쭙
고저 하는 것은 지금까지 어여쁘게
보아주셨듯이 앞으로도 그리하여주신다면
더없는 영광으로 알겠습니다

저자 안평옥 上

仁穆大妃

안평옥 여덟 번째 시집 중
|네 번째 長篇敍事詩|

인 쇄 | 2021년 8월 18일
발 행 | 2021년 8월 20일

지은이 | 안평옥
펴낸이 | 서정환
펴낸곳 | 신아출판사

주 소 | 전북 전주시 완산구 공북 1길 16(태평동 251－30)
전 화 | 063) 275-4000
등 록 | 제465－ 1984－ 000004호
e-mail | sina321@hanmail.net

저자와 협의, 인지는 생략합니다.
잘못된 책은 바꿔 드립니다.

ISBN 979-11-5605-940-0 03810

값 12,000원

Printed in KOREA